Giora Feidman

mit Christoph Fasel

Klang der Hoffnung

GIORA FEIDMAN

mit Christoph Fasel

Klang der Hoffnung

Wie unsere Seele Frieden findet

BONIFATIUS

Bibliografische Information der Deutschen Nationalbibliothek
Die Deutsche Nationalbibliothek verzeichnet diese Publikation in der Deutschen Nationalbibliografie; detaillierte bibliografische Daten sind im Internet über http://dnb.ddb.de abrufbar.

Umschlaggrafik: Mehran Montazer
Fotos Schutzumschlag: Lis Kortmann, Christoph Fasel

2. Auflage 2021

© 2021 by Bonifatius GmbH Druck · Buch · Verlag Paderborn

ISBN 978-3-89710-885-1

Alle Rechte vorbehalten. Das Werk einschließlich seiner Teile ist urheberrechtlich geschützt. Jede Verwertung außerhalb der engen Grenzen des Urheberrechtsgesetzes ist ohne Zustimmung des Verlages unzulässig und strafbar. Das gilt insbesondere für Vervielfältigungen, Übersetzungen, Mikroverfilmungen und die Einspeicherung in elektronische Systeme.

Druck: cpi-print.de

Bonifatius GmbH Druck · Buch · Verlag Paderborn

Inhalt

Prolog 9
1. Wurzeln des Glücks 17
2. Mit Musik der Welt dienen 37
3. Das Mikrofon der Seele 55
4. Klezmer und Klassik 69
5. Das Lob der Neugier 81
6. Vom Glück des Reisens 99
7. Wenn Seelen sich begegnen 117
8. Die Kraft der Versöhnung 129
9. Das Glück des Augenblicks 147
10. Ein Blick in die Unendlichkeit 159
11. Familienname: Menschheit 173
Dank 185
Biograhpie 187

Prolog

Das Plakat hängt im Schaukasten der Touristeninformation Prerow auf Zingst. Neben amtlichen Bekanntmachungen und den Öffnungszeiten des Kurhauses des Ostsee-Fischerdörfchens findet sich das Bild eines älteren Herrn, der lächelt und eine Klarinette in der Hand hält. Neben ihm ein anderer Mann, der um die dreißig Jahre jünger sein muss. Beide tragen Brillen. Das Plakat kündigt Giora Feidman und seinen Orgelpartner Sergej Tcherepanov an. Am 9. Oktober um 20.00 Uhr werden sie ihr Konzert in der Peter-Pauls-Kirche in Zingst beginnen. Der Titel ihres Programms: „From Classic to Klezmer".

Ein Mann hält vor dem Plakat inne. Er macht mit seiner Frau zusammen Urlaub im Fischerdorf. Natürlich, er kennt Giora Feidman! Wie denn auch nicht! Feidman, der Weltstar. Der größte Klarinettist unserer Zeit. Der Musiker, der die Klezmer-Musik des jüdischen „Schtetls" in das Erbe der Weltmusik überführte; der mit 21 Jahren jüngstes Mitglied des weltberühmten *Israel Philharmonic Orchestra* wurde; der klassische Musiker, der mit Leonard Bernstein, Yehudi Menuhin, Claudi Abbado, Zubin Metha, Sergio Celibidache konzertierte; der die preisgekrönte Musik zu Steven Spielbergs Film „Schindlers Liste" einspielte; der Star von Peter Zadeks „Ghetto"-Inszenierung, die Theatergeschichte schrieb; der Künstler, der im

Bundestag oft zu Gast war, um mit seiner Musik die Opfer des Nazi-Regimes zu würdigen – und genauso, um die Wiedervereinigung zu feiern. Feidman, der Philosoph und Lehrer, der Generationen von jungen Menschen zur Musik geführt hat!

Ein Weltmusiker – auf jeden Fall. Das Programm verspricht viel: Zu hören sein werden Werke von Robert Schumann, Wolfgang Amadeus Mozart, des venezianischen Barock-Komponisten Tomaso Albinoni, von Scott Joplin, Max Bruch, Ziggy Elman, Samuel Bugatch, dazu traditionelle und zeitgenössische Klezmer-Songs. Der Besucher spürt: Dieses Konzert will er hören. Unbedingt.

Tatsächlich ergattert er noch zwei Karten für seine Frau und sich. Um halb acht finden sie sich drei Tage später in der Zingster Peter-Pauls-Kirche ein. Die neugotische evangelische Kirche steht auf der Halbinsel Fischland-Darß-Zingst und wurde in den Jahren zwischen 1860 und 1862 errichtet – ein preußischer Prinz machte mit einer Geldspende den Bau erst möglich. Historikern gilt sie als Schlüsselbau preußischer neugotischer Architektur in Vorpommern; das wichtigste architektonische Denkmal in Zingst stellt sie allemal dar.

Die Peter-Pauls-Kirche ist konstruiert als Saalbau mit angegliedertem Altarraum. Erbaut ist sie aus gelblichem Backstein, der von schmalen rot glasierten Zierleisten durchzogen wird. Fenster in Spitzbögen öffnen die Wände, die Konzertbesucher blicken von ihren Bänken nach oben in ein Satteldach, das auf einen offenen

Dachstuhl aufgesetzt ist. Das Holzgebälk zeigt reichhaltige Verzierungen.

Das Kirchenschiff füllt sich rasch. Konzertauftaktgeräusche. Schnell noch ein Räuspern oder vorsorgliches Husten da, hier noch das Rascheln eines Bonbonpapiers. Sein Inhalt soll weitere Hustenattacken möglichst unterbinden. Der heilige Raum gebietet Respekt. Das übliche Theatergetuschel als Vorgeplänkel zum verlöschenden Licht fällt deshalb dezent aus.

Der Besucher lehnt sich in stiller Vorfreude zurück: Feidmans Musik hat er noch nie in einem Konzert live gehört. Was wird anders sein als das, was er bisher aus Aufnahmen mitgenommen hat? Er ist gespannt.

Was die Künstler, die sich in der Sakristei auf ihren Auftritt vorbereiten, nicht wissen: Der Raum, in dem es später zu einer Begegnung kommen wird, hat nicht nur sakrale Bedeutung. Während der Zeit der Nazi-Diktatur predigte hier am 2. Juni 1935 Dietrich Bonhoeffer. Er leitete damals ein Predigerseminar der Bekennenden Kirche auf dem Zingsthof. Unter dem Einfluss des unbeugsamen Bonhoeffer trat der damalige Zingster Pastor Gerhard Krause der Bekennenden Kirche bei.

Er wurde aus christlicher Überzeugung zum Gegner der Nationalsozialisten. Wiederholt äußerte er sich öffentlich zur menschenverachtenden Politik der NSDAP und zur Kriegsführung der Hitler-Armeen. Das blieb nicht ohne Folgen: 1944 wurde er denunziert, von der Geheimen Staatspolizei verhaftet und zum Tode verurteilt.

Es war ein unglaublicher Zufall, der ihm damals das Leben rettete: Die Bomben eines alliierten Luftangriffs auf Berlin vernichteten die Akten des „Volksgerichtshofs" über seinen Fall. Die Folge: Das vom „Henker in der roten Robe" schon gefällte Todesurteil wurde nicht mehr vollstreckt.
Doch damit war Pastor Krauses Leidensweg nicht vorbei. Nach dem Ende des Krieges wurde er vom sowjetischen Geheimdienst bedroht, weil er sich in Zingst an der Gründung der CDU beteiligte. Krank und entkräftet starb der aufrechte Geistliche 1950 an den Folgen der Nazi-Haft.

Ein Kirchenraum, der viel gesehen hat. Der das Leid kennt. Aber auch die Hoffnung auf Glauben, Liebe und Leben. Das Licht erlischt. Flüstern verklingt. Vom Orgeltisch her glimmt im Rücken der Besucher ein fahles Licht, das Sergej Tcherepanov den Weg über Manuale und Pedale weist.
Stille. Dann ein lang gezogener, zärtlicher Ton, der sich, immer mehr anschwellend, zu einer Klezmer-Melodie verdichtet, die sich langsam von der Orgelbühne aus über den Raum ausgießt. Ein Lichtpunkt. Ein Mann mit seiner Klarinette: Giora Feidman beginnt sein Konzert in der Peter-Pauls-Kirche in Zingst, wie er seit Jahrzehnten seine Konzerte beginnt. Mit einem Ton, den er Schritt für Schritt in eine Melodie verwandelt, bis diese im Jubel der Bewegung und Intervalle den ganzen Raum ausfüllt. Danach folgt „Prayer", eine Komposition seiner Ehefrau Ora Bat Chaim. Feidman verschmilzt mit seinem Instrument. Er zieht seine Zuhörer in Bann.

Von der Westempore aus setzt er neben seinem musikalischen Partner Sergej Tcherepanov an der Orgel das Konzert fort. Die Spannbreite des Repertoires verblüfft die Zuhörer. Auf den Kanon a-Moll für Orgel von Robert Schumann folgt das „Kol Nidrei" von Max Bruch – es basiert auf einem jüdischen Gebet. Klarinette und Orgel umschlingen sich im Klarinettenkonzert A-Dur von Wolfgang Amadeus Mozart, jenem Konzert, das Feidman seit seiner Kindheit liebt. Es treibt manchem der Zuhörer Tränen in die Augen. Die fließen dann spätestens nach der wuchtigen Toccata und Fuge in d-Moll von Johann Sebastian Bach. Feidmans Klarinette packt die Zuhörer mit seiner Interpretation in ihrem Innersten, offenbart ihnen seine Seele und lässt keinen unberührt zurück.

Bach, Scott Joplin, Klezmer-Tanz. Am Ende des Konzertes der erschütternde Blues „Nobody knows the trouble I've seen", das still-tragische „Donna, Donna". Vor dem vermeintlich letzten Stück ergreift Feidman das Wort. „Zum Abschluss spiele ich das Lied eines muslimischen Freundes. Ich, der Jude, spiele es in dieser christlichen Kirche. Das ist Versöhnung, es ist das, was seit 1946 passiert. Es ist das, warum ich spiele."

Einmal im Fluss, ist der kleine große Mann nicht zu halten. Seine ruhige Stimme spricht von Mitgefühl, von Grenzen, die wir in unseren Köpfen und um unsere Länder ziehen. Und von dem, was für ihn das gemeinsame Leben als Menschen ausmacht. Spontaner, lang anhaltender Applaus. Menschen mit feuchten Augen erheben sich von ihren Plätzen.

Das Konzert klingt leise aus. Nach dem Applaus, der sich Minuten hinzieht, wartet mit der Zugabe ein weiterer

Seelenmoment: Feidman und Tcherepanov singen gemeinsam mit ihrem Publikum das „Shalom chaverim" – „Friede sei mit euch!".

Spätestens in diesem Augenblick wird das deutlich, was Musikerkollegen, Bewunderer und Musikliebhaber auf der ganzen Welt mit Feidmans Musik verbinden: Er nimmt seine Klarinette in die Hand, durchströmt sie mit seinem Atem, um mit den Zuhörern eine Botschaft zu teilen, um mit ihnen in Musik zu sprechen und sie an seiner inneren Stimme teilhaben zu lassen.

„Die Klarinette ist das Mikrofon meiner Seele", sagt Giora Feidman. „Ich wurde geboren, um Musik zu machen und meine Seele mit den Menschen zu teilen."

Mit seinem Kollegen Tcherepanov hat Feidman auch an diesem Abend in Zingst wieder einen ebenbürtigen Partner gefunden, der ihm hilft, seine Botschaft zu transportieren: der Klarinettist als Brückenbauer zwischen Religionen und Kulturen. Sein Credo lautet: „Wir sind alle eine große Familie."

Das spüren auch der Mann und seine Frau im Publikum. Giora Feidman wird ihm später berichten, er habe ihn während des Konzerts mit Tränen in den Augen gesehen.

Sein Weg führt den ergriffenen Zuhörer nach dem Applaus zu einem Tisch, an dem CDs von Feidmans Musik angeboten werden. Ein Zufall – ein Zufall? – führt den Manager des Künstlers an seine Seite.

Beide tauschen sich aus. Ein Wort ergibt das andere. Ein Einverständnis, unausgesprochen, reiht sich an das folgende. Sie sind sich einig: Unsere Welt braucht Stimmen wie die von Giora Feidman. Der Besucher nennt seinen Beruf: Verleger. Und die Geschichte dieses Buches beginnt.

1. Wurzeln des Glücks

„Papa, warum gibt es Grenzen?"
Mein Vater deutet in den Himmel.
„Siehst du dort oben einen Zaun?"
Ich sage: „Nein!"
Seine Antwort: „Siehst du:
Der Himmel kennt keine Grenzen!"

Mein Name ist Giora Feidman. Die Musik ist mein Beruf. Ich spiele Klarinette. In großen Konzertsälen, christlichen Kirchen, jüdischen Synagogen, an muslimisch geprägten Orten oder in orthodoxen Gotteshäusern. Mein Weg hat mich durch die ganze Welt geführt, mit vielen Menschen zusammengebracht.

Ich möchte meine Gedanken mit Ihnen teilen, die sich um unser Menschsein drehen: um unser Wissen, unsere Blindheit, unser Begehren, unsere Träume. In diesen Gedanken geht es um Gewinnen und Verlieren, um Leib und Seele, Geburt und Tod. Und um die Fähigkeit, zwischen diesen Polen Glück zu empfinden.

Dahinter steckt eine Geschichte, die mit Gott zu tun hat, keine Frage – aber nichts mit Religion oder Konfession. Es ist eine Geschichte des Staunens, das mich begleitet, solange ich denken kann. Dieses Staunen hat viel mit den Gaben zu tun, die jeder Mensch in sich trägt – bei mir vor allem mit der Musik. Und mit der Frage, was diese Gaben für jeden von uns bedeuten. Und wie wir sie nutzen.

Ich möchte Sie deshalb mitnehmen auf eine Reise, die dem Klang der Seele nachspürt. Diese Expedition dauert für mich nun schon 85 Jahre – und noch immer habe ich nicht ihr Ende erreicht. Es ist eine Reise durch mein Leben, zu meiner Liebe zur Musik, meiner Bewunderung für die Schöpfung, meinem Vertrauen in die Kraft der Menschlichkeit

Sie können mich jetzt naiv nennen. Als sentimental abstempeln. Als Spinner bezeichnen. Ja – vielleicht bin ich wirklich *meschugge,* wie wir im Jiddischen diesen Zustand einer gewissen Weltfremdheit lautmalerisch nennen. Aber ich glaube an diese Bestimmung meiner Reise.

Geboren wurde ich vor 85 Jahren in Buenos Aires, der Hauptstadt Argentiniens. Ich entstamme einer jüdischen Familie. Mein Vater war Musiker. Mein Großvater war Musiker. Und mein Urgroßvater, soviel ich weiß, ebenfalls.

Die Familien meines Vaters und meiner Mutter stammen aus Bessarabien. Das ist jener Landstrich nordwestlich des Schwarzen Meeres, der heute in großen Teilen zur Republik Moldawien zählt, zu einem kleineren Teil zur Ukraine. Es ist ein Land, das viele Herrscher ertragen musste. Und ein Land, das Verbannungsort oder Zuflucht für Menschen jüdischen Glaubens wurde – sei es nach ihrer Vertreibung aus dem Zarenreich, sei es nach Pogromen in anderen Ländern. So fanden Ende des 19. Jahrhunderts immer mehr von ihnen den Weg nach Bessarabien – zeitweise war mehr als ein Drittel der Bevölkerung jüdischen Glaubens.

Lassen Sie mich einen Moment bei dieser Herkunft verweilen. Denn aus ihr erwuchs vieles, was mein Leben,

Fühlen und Handeln geprägt hat. Die Familien meiner Eltern stammen aus der Stadt Kishinev, einem der wenigen städtischen Zentren Bessarabiens. Die Familie meines Vaters verdiente sich hier und in den umgebenden Landstrichen ihr Geld mit Musik – einerseits als Angestellte des städtischen Orchesters von Kishinev, andererseits als Musikanten bei den ausufernden Hochzeitsfesten in den jüdischen Familien.

Die vorherrschende Siedlungsform der Menschen jüdischen Glaubens waren in Bessarabien und anderen Gegenden des Ostens die sogenannten Schtetl. Diese Form der Gemeinschaft unterschied sich deutlich von den Ghetto-Zwängen, die den Juden von der „christlichen" Obrigkeit in den westeuropäischen Städten als Lebensform vorgeschrieben waren. Das Ghetto war eine streng reglementierte Parzelle, die staatlich kontrolliert wurde und in der die Menschen oft willkürlich schikaniert werden konnten. Ganz anders das Schtetl: Dies war die freiere Organisation jüdischen Lebens, die sich in Osteuropa herausbildete.

Der Alltag im Schtetl war ein Widerspruch in sich: Es existierte in einer feindlichen Umgebung, bot aber den von Verfolgung und Armut bedrohten Menschen eine Atmosphäre von Freiheit, in der sie ihre Kultur zu weiten Teilen selbstbestimmt leben konnten.

Im Schtetl wurden die Feiertage meist ohne Störung begangen, Geschäfte und Wirtschaftsleben konnten sich autark entwickeln – und in den Bräuchen, wie vor allem den überschwänglichen Hochzeitsfesten, brach sich die Lebenslust der Bewohner allen materiellen Bedrängnissen und körperlichen Bedrohungen zum Trotz Bahn. Diese relative Freiheit erfüllte die Bewohner des Schtetls mit einigem Stolz.

Allerdings lebten sie in Osteuropa in Gegenden, in denen niemals eine Aufklärung stattgefunden hatte: Unwissen, Aberglaube, Analphabetismus, Angst vor allem Fremden und Sorge um die eigene Existenz mischten sich in städtischen und bäuerlichen Gesellschaften des Ostens zu einem Gärteig, in dem Antisemitismus eines der wenigen verbindenden Elemente darstellte.

Wann immer es den Herrschern gefiel – seien es die Könige Osteuropas oder der Zar in Russland, sei es aus wirtschaftlichen oder ideologischen Gründen –, brachen sie das nächste Judenpogrom vom Zaun. Und dann waren auch die Menschen im Schtetl nicht mehr sicher.

Schon mein Großvater war ein begehrter Hochzeitsmusiker, so wie es mein Vater später ebenfalls wurde. Die Musik, die das Lebensgefühl der Menschen im Schtetl widerspiegelte, das war der Klezmer.

Übersetzt wird dieser Begriff meist mithilfe jiddischer und hebräischer Wörter, die man ungefähr als „Gefäß des Liedes" deuten kann. Noch heute wird Klezmer-Musik vor allem auf Instrumenten gespielt und weniger gesungen. Geige, Gitarre, Trompete, Bass, Klarinette, Flöte, Posaune, Hackbrett, Zymbal – die Besetzung kann in jede Richtung variieren.

Obwohl sich diese Musikrichtung wohl aus den liturgischen Gebräuchen in der Synagoge entwickelt hatte, war ihr Zweck ein gänzlich anderer als das Gotteslob; diese Variante jüdischer Musik gehörte immer der Welt im Hier und Jetzt, dem außerordentlichen Augenblick, dem Fest, dem Gefühl – dem Freudentaumel genauso wie der Trauer. So spielten die Klezmorim, wie sich die Künstler dieser Musik nannten, vor allem auf Hochzeiten. Anlass für ihre Auftritte waren auch die liturgischen Feste des Judentums, wie die Bar Mizwa oder das Purim-Fest. Genauso begleitete die Klezmer-Musik aber auch einen Trauerzug.

Ironie der Geschichte: Im 19. Jahrhundert schien die fröhliche jüdische Musiktradition die Obrigkeit in Russland so zu ärgern, dass es einen Erlass gab, der den Klezmorim den Gebrauch von lauten Instrumenten wie Posaunen oder Trompeten untersagte.

Die Musiker wussten sich zu helfen: Sie stellten ihre Ensembles auf Zymbal und Hackbrett um, konzentrierten sich auf Holzblas- und Streichinstrumente – und schon war das russische Edikt umgangen. Und die Orthodoxen durften sich weiter ärgern. Zu Beginn des 20. Jahrhunderts immerhin wurde die unsinnige Verordnung aufgehoben – und die Lebenslust der Klezmorim konnte sich wieder ungehindert auch in der Lautstärke Gehör verschaffen.

Bei den Klezmer-Spielern handelte es sich oft um fahrendes Volk – mussten die Musikgruppen doch von Fest zu Fest, von Schtetl zu Schtetl ziehen, um ihren Broterwerb zu sichern. Das machte sie in den Augen der Obrigkeit verdächtig. Die Folge: Sie wurden wegen ihres Lebensstils von den Behörden schikaniert.

Eine weitere Sache ließ die fahrenden Musikanten verdächtig wirken: Sie waren oft gemeinsam mit Zigeunern auf dem Weg, die sich ebenfalls als fahrende Musiker verdingten. Ich benutze hier ganz bewusst das Wort Zigeuner – weil die Sinti und Roma, wie sie heute im Bemühen um eine nicht diskriminierende Sprache offiziell bezeichnet werden, es selbst tun. Noch heute sind die Angehörigen dieser Bevölkerungsgruppe dafür, das über 100 Jahre gebräuchliche Wort „Zigeuner" nicht aussterben zu lassen. Manchmal kann politische Korrektheit ein bisschen zu viel des Guten tun!

Ob Sinti, ob Roma, ob Zigeuner – Tatsache ist: Mein Großvater und mein Vater wuchsen mit ihnen, ihrer Musik, ihren Bräuchen und ihrer Lebenslust auf. Im Austausch von Musik, im gemeinsamen Spielen und Improvisieren lernten sie alles über die Seele und das Gefühlsleben des fahrenden Volkes. Vor allem aber inspirierte sie die Leidenschaft für Musik.

Keiner dieser großartigen Instrumentalisten, so berichtet mein Vater, konnte irgendeine Note lesen. Aber wenn sie eine zerkratzte, manchmal nur krude geflickte Geige an den Hals hoben, entfesselten sie einen Sturm der Harmonien, der Töne, der Gefühle.

Was taten diese Menschen aus diesem uralten fahrenden Volk? So verachtet, diskriminiert und verfolgt sie seit Jahrhunderten waren: Sie spielten ihre Seele. Sie hatten niemals auch nur eine Stunde Musikunterricht erlebt. Das Wort Technik kannten sie nicht. Ich selbst weiß vielleicht bis heute nicht genau, was „Technik" in der Musik ist. Die Zigeuner brauchten dieses Wissen nicht, denn wenn du deine Seele spielst, dann ist die Technik nicht entscheidend.

Noch heute tun das Zigeuner in Rumänien oder Bulgarien oder der Türkei ganz selbstverständlich. Wann immer ich Menschen wie sie treffe, hole ich meine Klarinette heraus, sie ihre Geigen und Gitarren – und dann spielen wir. Sie mögen vielleicht keine Noten lesen können, aber sie singen, sie lachen, sie weinen und sie beten durch ihre Musik.

Zwischen den Zigeunermusikern und den Klezmer-Spielern jener Zeit gab es in Bessarabien kaum einen Unterschied. Egal, wer von ihnen bei einer Hochzeit spielte, die Stimmung war stets grandios. Denn die Musik ging den Menschen direkt ins Herz und löste sie für den Moment aus all dem Kummer heraus, der sie vielleicht gerade in ihrem Leben voller Leid, Elend, Armut und Verfolgung bedrückte.

Ja, wenn ich auf die Erzählungen meines Vaters zurückblicke, ist es klar: Mein Vater hat eine „Zigeuner-Erziehung" genossen. Die Seele dieser Menschen hat ihn in seinem Innersten berührt.

Natürlich ist er vom sozialen Umfeld her anders aufgewachsen. Aber er hat all seine Erfahrungen schon als zwölfjähriger Klezmer-Spieler mitgenommen und später an mich weitergegeben. Schon in diesem Alter spielte er auf Hochzeiten die Klarinette. Damals gab es für diese Auftritte keine Gage, dafür wanderten die Musiker von Tisch zu Tisch, fragten, welches Lied zu Gehör gebracht werden sollte – und wenn sie fertig gespielt hatten, bekamen sie etwas zu essen, das sie mit nach Hause nahmen. Waren die Gäste sehr zufrieden, dann fielen auch mal ein paar Münzen ab.

Das Publikum auf diesen Hochzeiten wiederum war sehr gemischt. Im Schtetl musst du jeden einladen – auch alle armen Leute. Das ist eine jüdische Tradition. Du musst allen Menschen aus deinem Dorf aus Anlass eines solchen Festtages etwas zu essen und zu trinken geben. Tust du es nicht, kann es sein, dass sie Rabatz machen. Es waren oft arme Paare, die im Schtetl heirateten. Und dann spielten mein Großvater und mein Vater zusammen mit ihren Musikerkollegen für diese Leute, ohne irgendetwas zu erwarten.

Kishinev, die Hauptstadt Bessarabiens, war schon zur Wende vom 19. zum 20. Jahrhundert eine wachsende Stadt, die 110 000 Einwohner zählte. Doch nicht jeder war freiwillig dort. Die Stadt diente als Verbannungsort für unliebsame Kritiker der Zarenregierung. So verbrachte auch Alexander Puschkin schon im frühen 19. Jahrhundert drei Jahre seiner Verbannung in Kishinev – und hasste die Stadt.

Kishinev war Teil des Zarenreichs. Fast die Hälfte seiner Einwohner war um das Jahr 1900 jüdischen Glaubens. Grund dafür war nicht zuletzt der Zuzug von Menschen, die aus anderen Landesteilen Russlands aufgrund ihres religiösen Bekenntnisses vertrieben worden waren. Das führte zu Spannungen in der Stadt. Verschiedene Kräfte schürten in Zeitungen und Diskussionen den Antisemitismus.

Zu Ostern 1903 entlud sich der latente Hass in offener Gewalt. Ein Mob zog durch die vornehmlich von Juden bewohnten Straßen der Stadt, verwüstete Wohnungen und Geschäfte, plünderte Auslagen und tötete fast 50 Menschen. 400 wurden bei diesen Ausschreitungen verletzt.

Auch in den folgenden zwei Jahren kam es immer wieder zu Übergriffen und zu Gewalttaten der Polizei gegenüber jüdischen Mitbürgern. Die wachsende Unsicherheit führte diejenigen, die es sich leisten konnten, zu der Überzeugung, dass Kishinev kein Ort für die jüdische Lebensweise mehr war. So reifte in immer mehr Mitgliedern der Gemeinde der Plan, sich in einer anderen Gegend ein Leben fernab von Rassenwahn, Antisemitismus und Verfolgung aufzubauen. Und eines der Länder, das in dieser Zeit eine besondere Strahlkraft für Einwanderer besaß, war Argentinien.

Meine Mutter war noch keine zwei Jahre alt, als ihre Eltern im Jahr 1905 mit ihren Kindern und allem Hab und Gut, das man transportieren konnte, aufbrachen, um in der Ferne Südamerikas eine neue Heimat zu finden.

Warum meinem Großvater mütterlicherseits gerade Argentinien als Ziel gefiel, kann ich heute nicht mehr recht sagen. Obwohl er als Verkäufer nur ein schmales Gehalt bezog und seine Frau alle Hände voll damit zu tun hatte, die acht Kinder, darunter meine Mutter Adela, großzuziehen, kam die Familie in der neuen Heimat stets über die Runden – irgendwie gelang es immer.

Mein Vater dagegen lebte noch 15 Jahre länger in Kishinev – trotz der zunehmenden Gewalt. Seine Familie überstand die Pogrome nur, weil sich Zigeuner vor meinen Großvater und seine Familie stellten und sie vor dem organisierten antisemitischen Mob schützten. Ja, es waren Zigeuner, Musikerkollegen, die die Familie meines Vaters retteten.

Die Zeiten in Bessarabien blieben unruhig. Die Familie durchlebte den Ersten Weltkrieg, die Ermordung des Zaren, die Oktoberrevolution – und dann spürte mein Vater, mittlerweile ein junger Mann, dass die Zeiten zu unsicher wurden. Er war von seinem Vater auf die Musikhochschule in Bukarest gesandt worden, um sein musikalisches Können zu perfektionieren. Und nun war er gerade 21 Jahre alt, als er sich entschloss, Europa hinter sich zu lassen. Seine Eltern und Geschwister blieben in Kishinev zurück. Immer häufiger berichteten sie von Terror, Pogromen, Unterdrückung und Gewalt.

Mein Vater entschied sich zusammen mit zwei Mitstudenten, sich eine neue Heimat fern von Europa zu suchen. Ich habe ihn später einmal gefragt, wie er denn einen solchen Entschluss treffen konnte. Und warum er gerade Buenos Aires als Ziel gewählt habe.

Er lächelte und erzählte mir dann die folgende Geschichte: „Wir waren jung. Einer spielte Bratsche, einer Klarinette und einer Querflöte. Und so gingen wir in Bukarest zu einer Agentur, die Schiffstickets für Überseereisen verkaufte. Wir fragten den Schalterbeamten: Was sind die billigsten? Die Antwort lautete: die nach Argentinien. Und dann sagten wir: Also gut. Dann nehmen wir drei!"

Und so geschah es, dass mein Vater sich auf einem Dampfschiff wiederfand. Das Ziel: Buenos Aires.

Ich habe später als erwachsener Mann Kishinev zweimal besucht. Das erste Mal war ich mit *Moscow Virtuosi* und später mit einem Orchester aus Kishinev eingeladen worden, dort zu spielen. Der Flughafen war ziemlich klein, die Piste kurz.

Ich hatte von meiner Familie viel gehört über Kishinev. Es war eine eigentümliche Begegnung mit dieser Stadt, aus der meine Mutter und mein Vater stammen, die sich dann durch einen riesengroßen Zufall am anderen Ende der Welt begegneten.

Die Erinnerung war stark. Ich ging durch die Straßen und sprach in Gedanken mit meinem Vater und meinem Großvater. Adressen oder konkrete Anlaufpunkte hatte ich nicht. Ich wusste nur: Ich würde hier spielen, an jenem Ort, wo vor vielen Jahrzehnten die Ursprünge meiner Familie lagen. Es hingen Plakate an den Straßen, die mein Kommen ankündigten.

Eigentlich musste es viele Feidmans in dieser Stadt geben. Oder gegeben haben. Doch kein Mensch kam zu mir. Ich hatte gehofft, dass wenigstens ein Cousin mich begrüßen würde, eine Cousine sich nach dem Konzert vorstellen könnte. Doch es zeigte sich niemand, und auch auf Nachfragen kannte niemand einen Feidman. Mir wurde erklärt, dass unter der russischen Herrschaft die meisten Menschen ihre jüdischen Namen geändert hatten, um Diskriminierungen zu entgehen.

Wenn sich schon die Lebenden nicht zeigen wollten, wollte ich wenigstens auf die Suche nach den Toten gehen. Und so fragte ich nach dem jüdischen Friedhof – oder nach dem, was davon übrig geblieben war. Denn in den letzten 100 Jahren war er mehrfach verwüstet worden.

Meinen Vater zu fragen, wo ich vielleicht die Gräber unserer Verwandten finden könnte, hatte mir eine sonst ganz fremde Scheu verboten. Denn er sprach von sich aus nie über seine Heimatstadt. Das liegt tief in den Schrecken der Nazi-Herrschaft begründet: Von insgesamt elf Brüdern überlebten nur vier den Holocaust. Zwar war es meinem Vater in den 1940er-Jahren noch gelungen, eine Schwester und einen Bruder nach Buenos Aires und damit außer Reichweite der Todesmaschinerie der Nazis zu bringen – doch konnte er wohl tief in seinem Innersten nie die Frage beantworten, warum ausgerechnet er das Glück gehabt hatte zu überleben, während drei Viertel seiner Familie in den Schrecken der Judenverfolgungen ihr Leben verlor. Ich konnte sein Schweigen verstehen.

Der jüdische Friedhof von Kishinev, zur vorletzten Jahrhundertwende ein gewaltiges Areal, ist inzwischen auf ein kleines Eckchen zusammengeschrumpft. Die meisten Gräber wurden geschändet, zerstört, die Namen der Bestatteten sind kaum mehr zu identifizieren. Ich suchte nach dem Grab meines Großvaters, nach den Ruhestätten weiterer Verwandter. Ein Freund, der mich begleitete, half bei der Suche. Er durchstreifte die Gräberreihen der wenigen unversehrten Grabmale zusammen mit einigen weiteren Bekannten, die sich für mich auf die Suche gemacht hatten.

Plötzlich rief der Freund: „Wir haben ein Grab gefunden, das musst du sehen!" Hinter einer halb blinden Glasscheibe erblickte ich ein Foto. Mein Freund sah mich an, dann das Bild, dann wieder zu mir und sagte: „Diese Augen sind deine Augen. Kein Zweifel: Das muss ein Feidman sein!" Ich glaubte es ihm. Und spielte ein Gebet.

Das war der einzige Feidman, den ich in Kishinev noch fand. Es hat mich traurig gemacht. Zeigte es doch überdeutlich, wie wenig die Pogrome der Nationalsozialisten von einer einst blühenden Kultur übrig gelassen hatten.

Traurige Erinnerungen. Doch in Kishinev begegnete mir auch etwas Schönes: eine Kultur der Blumen, die ich noch nie in dieser Fülle gesehen habe auf meinen Reisen. Kishinev war voller Geschäfte, in denen Blumen verkauft wurden. Ich habe an keinem anderen Ort der Erde eine solch verschwenderische Fülle an Blumen erlebt. Es war für mich ein Trost in der Bitternis.

Die Reise meines Vaters und seiner Freunde nach Argentinien muss wenig komfortabel gewesen sein. Nach Wochen an Bord eines stampfenden Dampfers, in der Holzklasse eingepfercht, atmeten die drei jungen Musiker auf, als sie endlich wieder an Land kamen. Sie hatten kaum mehr Geld, noch weniger Kenntnis des Landes, das ihre neue Heimat werden sollte – und vor allem keine Idee, was sie hier eigentlich tun wollten. Aber sie hatten eines: grenzenloses Vertrauen darauf, dass es schon gut gehen würde!

Ihr Optimismus wurde belohnt – und zwar in einer Weise, die man heute kaum glauben mag: Vom Dampfer stieg unser frisch importiertes Trio auf den Kai, die Instrumentenköfferchen in ihren Händen. Plötzlich sprach ein Mann sie an: Ob sie zufällig Musiker seien? Ja. Das seien sie. Welche Instrumente sie denn beherrschten? Die Auskunft ließ den unbekannten Herrn befriedigt nicken. Ob sie vielleicht Lust hätten, in der Marinekapelle des argentinischen Militärs mitzuspielen? Man habe gerade Bedarf – und Soldaten müssten sie deswegen auch nicht gleich werden. Mein Vater erzählte mir später, dass die drei sich in die Augen blickten und spontan Ja sagten. Ihr erstes Engagement in der Neuen Welt.

Nach einigen Wochen wurde ihnen das Marschmusikgeklingel der Marineband aber zu viel. Bei Nacht und Nebel machten sie sich aus dem Staub und spielten fortan als Trio in den zahlreichen Cafés und Bars der argentinischen Hauptstadt.

Ich habe die drei noch als junger Mann in schönster Eintracht beim gemeinsamen Spielen erlebt. Wenn sie zusammenkamen, Musik machten und von alten Zeiten erzählten, dann sah ich unwillkürlich drei lausbubenhafte junge Männer vor mir, die sich mit einem Billigticket in der Hand in die Neue Welt einschiffen und keine Grenzen akzeptieren. Sie hielten sich lebenslang die Treue.

Warum erzähle ich Ihnen von meiner Herkunft, von meinen Eltern und Großeltern? Ich weiß, warum es mich drängt, das zu tun: Um den Wurzeln des Glücks nachzuspüren, muss man sich der eigenen Wurzeln, der eigenen Herkunft gewiss sein. Vielleicht konnte nur in diesem gottverlassenen Landstrich nordwestlich des Schwarzen Meeres, in der Atmosphäre einer von jüdischer Kultur geprägten Provinzstadt, mit der Erfahrung der sie umgebenden Schtetl eine Person wie ich entstehen.

Mein Vater war mit extremen Gegensätzen und Herausforderungen aufgewachsen: die enge, lebensfrohe Gemeinschaft im Schtetl einerseits und die ständige Angst vor Ablehnung, Verfolgung und Bedrohung andererseits, in der nicht nur die Juden lebten, sondern auch

Angehörige anderer „unerwünschter" Gruppen wie der Zigeuner. Und als Gegenentwurf erlebte er früh die alles vereinende Kraft der Musik. Durch all das geprägt, kannte er in vielerlei Hinsicht keine Grenzen. Weder kulturell noch religiös, noch sprachlich.

Schon als Jugendlicher beherrschte er drei Sprachen – Russisch, Rumänisch und natürlich Jiddisch. Dazu kamen nach seiner Emigration Spanisch und später Hebräisch und Englisch – und was er sich sonst noch so alles in seinem Künstlerleben aneignete. Seine Bereitwilligkeit, zu lernen und sich auf den Lebensstil, die Gedanken und Gefühle seiner Mitmenschen einzulassen, war sicher der wichtigste Schritt auf dem Weg zu Toleranz und Integration. Wenn man die Sprache seines Gegenübers zu sprechen lernt, beginnt das gegenseitige Verständnis, und das Gefühl der Andersartigkeit schwindet. Und noch viel mehr gilt das für die Sprache der Musik, die alle Grenzen überwindet.

Meine Mutter hatte eine ähnliche Prägung erlebt, und so wuchs ich in einem Elternhaus auf, das furchtlos zwischen den Kulturen tanzte, auch wenn wir letztlich ein jüdisches Familienleben führten. Starre Konventionen oder orthodoxe Glaubenssätze gab es bei meinen Eltern nicht, für sie zählte immer das Gemeinsame, das, was alle Menschen eint.

Noch heute bin ich stolz darauf, am Freitag ein Muslim, am Samstag ein Jude und am Sonntag ein Christ zu sein. Das bringt den unschätzbaren Vorteil, nur vier Tage in der Woche wirklich arbeiten zu müssen.

Ich bin, wenn man es genau nimmt, das Ergebnis zweier „zufälliger" Komponenten: nämlich erstens des billigstmöglichen Transatlantik-Tickets, das mein späterer Vater ergattern konnte – und zweitens des Augenblicks, in dem sich knapp 20 Jahre nach ihrer Emigration eine junge Frau in einen jungen Mann verliebte, der ursprünglich aus derselben Stadt stammte, die aber auf der anderen Seite des Erdballs liegt. Die beiden sahen sich an und verliebten sich ineinander. Gott sei Dank. Mir kann niemand erzählen, dass es Zufälle gibt!

Nachdem meine Eltern sich kennen und lieben gelernt hatten, stand einer Verbindung zwischen ihnen nichts im Wege. Dazu trug die Tatsache bei, dass mein Vater rasch an Ansehen als Musiker gewann. Nach seiner Desertion aus der Marinekapelle hatte sich sein Talent in Buenos Aires herumgesprochen. Er trat in Cafés und Bars auf, gab Konzerte und wurde schließlich durch die Aufnahme in das Orchester des *Teatro Colón* geadelt.

Viel spannender aber waren seine zahllosen Nebenjobs. Denn bald sprach sich herum, dass niemand ein besserer Hochzeitsmusiker war als mein Vater. So kam es, dass sich im Laufe der Jahre sogar Wartelisten bildeten und manche Paare erst fragten, ob mein Vater vielleicht an diesem oder jenem Tag im nächsten Jahr Zeit hätte, auf ihrer Hochzeit zu spielen, bevor sie das Aufgebot beim Standesamt bestellten. Auch damit lehrte mich mein Vater, grenzenlos zu sein und Konventionen nicht übermäßig hoch zu bewerten.

Ich lernte außerdem von ihm, was Nächstenliebe und Großzügigkeit bedeuten. So sprang er immer gern ein, wenn ein Kollege plötzlich erkrankt war, und spielte dann mit Leidenschaft dessen Part. Anschließend nahm er die

Gage für diesen Auftritt entgegen, verabschiedete sich vom Auftraggeber und fuhr schnurstracks zu ebendiesem Kollegen, um ihm das Geld zu überreichen. „Merke dir eines, mein Sohn", erklärte er mir damals. „Wenn ein anderer Musiker unsere Hilfe braucht, dann geben wir ihm das Geld, obwohl er nicht gespielt hat. Basta!"

Erst viele Jahre später erkannte ich den Wert dieses grenzenlosen Altruismus. Und ich weiß auch: Anderswo auf der Welt warten Musiker nur darauf, dass ein anderer krank wird und sie dessen Gage einstreichen können. Noch heute halte ich es übrigens genauso, wie mein Vater es mich gelehrt hat. Andere Musiker, die das mitbekommen, sagen: „Der Feidman ist *meschugge*!"

Nein, *meschugge* bin ich nicht. Aber zutiefst geprägt von der Haltung meines Vaters, der überzeugt davon war, dass man mit Nächstenliebe und Großzügigkeit besser lebt, als wenn man immer nur den eigenen Vorteil im Blick hat. Noch heute meine ich in vielen Situationen die Stimme meines Vaters im Ohr zu haben, die mir ruhig und freundlich etwas erklärt. Sie leitet mich noch jetzt, als alten Mann.

Ich wuchs auf in einer Gemeinschaft von Gleichgesinnten, die es als selbstverständlich betrachteten, diejenigen zu unterstützen, die nicht das Glück hatten, so gut versorgt zu sein wie wir und unsere Familie. Deshalb war es für meinen Vater – und auch für mich – Ehrensache, gratis für arme Menschen zu spielen. Und auch Kindern zu helfen, ihren Weg zum Glück zu finden, obwohl sie eigentlich schlechte Voraussetzungen dazu hatten.

Auch darin war mein Vater ein Altruist. Er war überzeugt, dass jedes Kind die Möglichkeit haben sollte, ein Instrument zu entdecken und spielen zu lernen. Er trug das als Mission in sich. So ging er mehr als einmal zu wildfremden Eltern von Kindern aus der Nachbarschaft, um ihnen klarzumachen: „Euer Kind sollte unbedingt ein Instrument lernen!"

Sein wichtigster Einsatz galt den Kindern, die die geringsten Chancen hatten, eine musikalische Ausbildung zu genießen. Eines Tages kreuzte er beim Leiter des jüdischen Waisenhauses in Buenos Aires auf und schlug ihm vor: „Wir machen mit den Kindern ein Orchester auf." Der freundliche Pädagoge, der die Einrichtung leitete, zuckte hilflos die Schultern: „Aber wir haben keine Instrumente. Und auch kein Geld, um welche zu kaufen!" Worauf mein Vater abwinkte und sagte: „Die Instrumente besorge ich euch."

Er hielt Wort. Auf diese Weise entstand über die Jahre eines der bekanntesten Jugendorchester Südamerikas. Seine Instrumentalisten – Kinder und Jugendliche – spielten die Instrumente, die mein Vater eigenhändig gekauft oder für den guten Zweck schamlos erbettelt hatte. Auch an diesem Beispiel zeigt sich, wie mein Vater mich lehrte, keine Grenzen zu akzeptieren. Denn er akzeptierte sie auch nicht. Weder in Gedanken noch im Leben.

Ich wurde als Kind von meinen Eltern, meiner Familie, meinem Umfeld freudig empfangen und aufgenommen. Ich durfte Wertschätzung, Zufriedenheit, Lachen, Zärtlichkeit und Glück erfahren. Doch auch wenn man keinen so gesegneten Empfang ins Leben hatte, heißt das nicht, dass man keine Chance mehr hat, sein persönliches Glück zu finden. Denn der Weg zum Glück kennt viele Routen – und auch wenn eine gute Kindheit eine große Starthilfe ist, so kann man auch auf anderen Pfaden zum Ziel gelangen.

So war es bei meinen Eltern, und sie haben mir auch indirekt viel von ihren Glücksrezepten vermittelt. Sie haben nicht zugelassen, dass die Schwierigkeiten, die sie erlebten, sie zynisch oder hart gemacht haben. Sie haben den Mut aufgebracht, aus ihrer Situation auszubrechen und etwas Neues, Gutes anzufangen. Und so haben sie es geschafft, meinem Bruder und mir ein liebevolles Heim zu bieten.

Als Kind habe ich zwischen meiner Mutter und meinem Vater niemals einen Streit, nie ein lautes Wort erlebt. Im Gegenteil. Der Umgang zwischen den beiden war über die Maße liebevoll und wertschätzend. Ihr Geheimnis ist mir erst im Laufe vieler Jahrzehnte klar geworden: Sie ließen den jeweils anderen so sein, wie er war. Sie trugen sich gegenseitig nie etwas nach. Mein Vater sprach von meiner Mutter immer als „meine Braut, mein Mädchen, meine liebste Frau".

In meiner Familie herrschte eine warme Atmosphäre und vor allem eines: gegenseitiger Respekt – unter den Erwachsenen genauso wie gegenüber den Kindern. Mein Zuhause empfinde ich heute noch als bergend, wenn ich mich daran erinnere.

Zu einem so ungewöhnlichen Mann wie meinem Vater passte nur eine ebenso ungewöhnliche Frau. Meine Mutter war die Herrin des Hauses, eine starke Person. Sie hatte das Management des Haushalts, der Familie und der

Kasse inne. Und waren mein Vater und später auch ich noch so berühmte Zeitgenossen in Buenos Aires, so schlichen wir doch auf Zehenspitzen durch das blank geputzte Heim, wenn es wieder einmal nach einem Auftritt vier Uhr morgens geworden war – Vater und Sohn im Frack, wie zwei Schulbuben, in Sorge, dass sie sich wegen des späten Heimkommens Ärger mit *La Donna* einhandelten.

So liegen die Wurzeln des Glücks für mich in einer Kindheit voller Menschen mit großen Herzen, die sich trotz oder gerade wegen der schwierigen Umstände, in denen sie selbst aufgewachsen waren, mit Haut und Haaren ihren eigenen Werten verschrieben hatten: innere Freiheit, Toleranz, Nächstenliebe, Stabilität und Lebensfreude. Und all das gaben sie an mich weiter.

Wer dieses Glück erleben durfte, sollte es allein schon aus Dankbarkeit so in die Welt weitertragen. Ich habe stets versucht, diesem Vorbild mit meinen Kindern und Enkeln nachzueifern.

2. Mit Musik der Welt dienen

> *Mein Vater sagte: „Du magst ein Star sein,*
> *die Welt mag dir zu Füßen liegen.*
> *Aber, mein Sohn, vergiss eines niemals:*
> *Du bist als Musiker ein Diener der Gesellschaft."*

Eigentlich bin ich seit meiner Kindheit vom Glück verwöhnt. Aufgewachsen in einem stabilen, liebevollen Elternhaus, behütet von Kindesbeinen an, umgeben von Musik, ohne Angst vor Autoritäten oder falschen Propheten und ohne geistige Grenzen, die mich hätten einengen können.

Eine Grenze versuchte mir mein Vater allerdings zu setzen: Er wollte nicht, dass ich Musiker werde. Meine Faszination für seine Klarinette sagte ihm allerdings früh, dass ich wohl nur schwer davon abzubringen sein würde. Denn das erste Instrument, das ich in die Hand bekam, war die Klarinette – und sie ist bis heute das Instrument, dem ich verfallen bin. Unser Liebesverhältnis begann, als ich vier Jahre alt war. Mein Vater hatte eine seiner Klarinetten auf dem Wohnzimmertisch liegen lassen, bevor er zu einer Probe gefahren war. Ich nutzte die Chance, sie zu stibitzen, zog mich in ein stilles Eckchen zurück – und begann, das Mundstück zu traktieren. Als ich genug hatte, trug ich das malträtierte Instrument wieder zurück dahin, wo ich es gemopst hatte – und hoffte stillschweigend, es möge nicht weiter auffallen.

Natürlich fiel es meinem Vater auf. Aber er tat etwas für mich Unerwartetes. Er sprach nicht darüber, sondern ließ am nächsten Tag, bevor er außer Haus ging, das durchaus wertvolle Instrument wieder am selben Platz liegen. Die Szene wiederholte sich über eine Woche hinweg. Schließlich nahm mein Vater, als er eines Nachmittags nach Hause kam, mich auf den Schoß und sagte: „So, dann wollen wir uns mal anschauen, wie man Klarinette spielt."

Warum versuchte er aber so beharrlich, mir diesen Berufswunsch auszureden? Er war doch selbst als Musiker der glücklichste Mann, den man sich denken konnte – ein Mensch, der die Musik machte, die seiner Seele entsprang? Traute er mir den Beruf des Musikers nicht zu? Oder fürchtete er, ich würde – im Gegensatz zu ihm – vielleicht nicht genug Talent mitbringen und als Hungerleider enden?

Nein, es gab einen medizinischen Grund für seine Zurückhaltung: Seit frühester Kindheit litt ich unter einem angeborenen Augenfehler, ich war extrem kurzsichtig. Das zwang mich, stets eine Brille vom Format zweier Glasbausteine zu tragen. Das trug mir übrigens während meiner Schulzeit immer wieder den Spott meiner Kameraden ein – den ich aber lernte auszuhalten.

Mein Vater hatte also mit seinen Bedenken hinsichtlich meiner Berufswahl durchaus recht – fürchtete er doch, dass ich die oft klein geschriebenen Noten und Partituren, die man als Musiker lesen muss, nicht oder nur schlecht entziffern können würde: „Junge, wenn du später einmal in einem Orchester spielst und als Klarinettist hinten rechts im schwach beleuchteten Orchestergraben sitzt – dann wird es zu schwierig für dich, den Noten zu folgen. Und du hast dann keine Zeit, lange herumzurätseln."

Aber er hatte nicht mit jener Eigenschaft gerechnet, die es mir noch heute ermöglicht, in hohem Alter ohne jedes Lampenfieber auf die Bühnen der Welt zu treten. Es ist die Gabe, die Musik in mir zu *fühlen*, wenn ich nach innen blicke. Schon als Kind brauchte ich eine Melodie nur ein-, zweimal zu hören, um sie ohne Mühe nachspielen zu können – ohne Noten vor Augen zu haben. Diese Gabe des akustischen Gedächtnisses hat mir in meinem Musikerleben oft geholfen. Nicht nur dann, wenn ich im Orchester ein klassisches Werk zusammen mit den Kollegen zu Gehör brachte. Sondern vor allem dann, wenn es darum ging, spontan auf die Musik zu reagieren, die mich umgibt.

Noch immer liebe ich es, mit einer wildfremden Gruppe wahrer Musiker loszulegen: Einer beginnt mit einem Thema, andere fallen ein, ich lausche in mich hinein und gleite in die Melodie, den Rhythmus, den Klang.

Es kann sein, dass wir für das, was in unserer Seele Ausdruck finden will, nicht immer gleich von Anfang an die besten Voraussetzungen mitbringen. Aber wenn wir uns sicher geworden sind, wofür wir hier auf Erden sind, dann müssen wir es tun und dürfen uns weder von inneren noch von äußeren Umständen davon abbringen lassen.

Ich bin in meinem Leben oft gefragt worden, warum ich stets die Augen schließe, wenn ich spiele. Tue ich das, so vermuteten manche Menschen, um mich vom Publikum abzugrenzen und meine eigene geschlossene Kunst-Welt um mich herum zu schaffen? Das mag für andere Künstler gelten. Bei mir ist das Gegenteil der Fall. Ich isoliere mich keineswegs, wenn ich spiele, ganz im Gegenteil. Ich gehe nur in mich hinein, um die Tür nach außen zu öffnen. Denn meine Musik ist nicht für mich bestimmt. Die Musik, die ich spiele, will nach draußen, soll nach draußen, die Menschen erreichen, wo immer sie ihr zuhören, und sie in ihrem Innersten berühren.

Ich schließe die Augen, um besser in mich hineinhören zu können. Denn tief in meiner Seele wohnt die Musik, die mein Atem durch die Klarinette in den Raum hineinströmen lässt. Die Klarinette ist die Stimme, die die Gefühle aus meinem Innersten nach außen trägt. Und so entsteht aus dem Blick nach innen, hinter meinen geschlossenen Augen, das Paradox meines Musikerlebens: eine offene Seele.

Die Bedenken meines Vaters gegenüber meiner Musikerkarriere entsprangen seiner Sorge um mich, waren aber für mich in keiner Weise entscheidend. Denn das tiefe Wissen, dass ich zum Musikmachen bestimmt bin, fegte alle Bedenken über meine zukünftige Beschäftigung schlicht beiseite. Mir ist niemals, in keinem Alter, auch nur ein einziges Mal ein Zweifel daran gekommen, dass ich Musiker bin und bleibe.

Ich muss ein ausgesprochen entschlossenes Kind gewesen sein, denn hätte ich mich nicht vielleicht auch für Blockflöte, Geige, Trommel, Trompete oder Klavier interessieren können statt für die Klarinette? Doch ich kann mich nicht entsinnen, an ein anderes Instrument auch nur ein einziges Mal überhaupt gedacht zu haben! Merkwürdig! Aber was soll ich machen?

Es scheint mir im Nachhinein so, als wenn ich für die Klarinette geboren wurde. Der liebe Gott hat mich offensichtlich für kein anderes Instrument vorgesehen – basta!

Das zeigte sich auch in meiner späteren Laufbahn, die mich unter anderem an das Konservatorium von Buenos Aires führte. Natürlich musste ich dort, wie jeder andere Schüler, mindestens ein zweites Instrument belegen. Die meisten wählten das Klavier. Und so war es auch bei mir. Doch trotz aller Bemühungen wurde meine Beziehung zu den 88 schwarzen und weißen Tasten dieses großartigen Instrumentes niemals innig.

Auch heute noch sind meine Fähigkeiten auf dem Klavier recht mickrig. Was mich damals im Unterricht so quälte – ich weiß es heute nicht mehr zu sagen. Jedenfalls war ich oft krank, wenn wieder der Klavierlehrer auf meinem Stundenplan stand – oder zumindest drängte es mich dann häufig und lange auf die Toilette. Mir schien es so, als ob jeder Augenblick, an dem ich meine Klarinette nicht in Händen halten konnte, irgendwie verschwendet war.

Doch abgesehen von diesem speziellen Problem, war Musik immer Erfüllung und Berufung für mich. Wenn ich mit meinen Freunden auf dem Balkan, in Rumänien, Bulgarien oder der Türkei, musiziere, die allesamt Zigeuner sind, dann scheint mir, als hätte der Schöpfer sie dazu bestimmt, das Leben anderer Menschen zu verschönern und zu bereichern. Da gibt es kleine Kinder, die nehmen eine Geige in die Hand und legen los – und üben so lange, bis sie mit ihren Brüdern, Eltern und Großeltern mithalten können. Was sie antreibt, ist nicht nur ihr eigener Spaß an der Sache – es ist zugleich die erkennbare Lust, anderen Menschen Freude zu bereiten, etwas von Wert zu geben.

Auf Hochzeiten und Dorffesten und Trauerfeiern, in Freude ebenso wie in Leid.

𝄞

Meine Lehrzeit mit der Klarinette war eigentlich eher eine Lernzeit. Mein Vater förderte auf seine unnachahmliche Art das in mir, was Psychologen als „intrinsische Motivation" bezeichnen. In meiner musikalischen Ausbildung gab es keinen „Nürnberger Trichter", der als Einfüllstutzen für kodifiziertes Wissen dienen sollte – von Harmonielehre bis hin zum Quintenzirkel. Nein: Meine Zuneigung zur Klarinette führte mich in organischem Wachstum mit Klängen, Harmonien und Rhythmen immer weiter, sie gab mir die Chance einer inneren Entwicklung, die ich mit Freuden nutzte.

Meine „musikalische Muttermilch" bestand hauptsächlich aus Tango und Klezmer. Ich glaube, jeder Mensch kann Tango spielen und tanzen, wenn er es nur will und wenn er es fühlen kann. Diese beiden musikalischen Richtungen sind bis heute die klingenden Zeugen meiner doppelten „Weltbürgerschaft".

Natürlich erfreute es mich, dass ich schon mit zwölf Jahren öffentlich auftreten durfte. Dass ich bald einen schwarzen Anzug mit Krawatte und später Smoking und Fliege trug und von den Menschen, für die mein Vater und ich spielten, hofiert wurde. Wir traten zu zweit auf, in wechselnden Ensembles, zu Hochzeiten, bei Feiern oder in Konzerthallen, und wir spielten stets mit Erfolg. Mein Vater war schon in den Jahren davor ein berühmter Klarinettist gewesen, der sich auch auf einer ganzen Reihe von anderen Instrumenten zu Hause fühlte, und so wurde ich von seinem Ruhm mit emporgetragen, als ich begann, mit ihm zusammen zu musizieren.

„Der kleine Feidman", erst Begleiter, dann immer öfter Solist, trat langsam aus dem Schatten seines Vaters hervor. Schon in jungen Jahren erhielt ich eines Tages die Möglichkeit, im *Teatro Colón*, in dem mein Vater Klarinettist war, als Ersatzmann einzuspringen. Nach meinem Auftritt ließen die Kollegen meinen Vater wissen: „Den Kleinen kannst du gleich morgen wieder mitbringen!" Das war wohl das höchste Lob, das man als Jugendlicher von den Mitgliedern eines der renommiertesten Orchester Argentiniens erhalten konnte.

Ich weiß noch, dass mich die Pförtner des Künstlereingangs plötzlich respektvoll grüßten. Und das umso mehr, je bekannter mein Ruf als Wunderkind wurde. Eines Tages öffnete mir ein Pförtner die Tür, zog vor mir die Mütze und begrüßte mich mit dem Satz: „Guten Abend, Maestro!" Das mir, einem neunzehnjährigen Teenager! Die Geschichte erzählte ich noch am selben Abend meinem Vater – ich weiß nicht mehr, ob aus Stolz oder Unsicherheit. Vielleicht waren beide Gefühle darin gemischt.

Mein Vater hörte aufmerksam zu, legte dann einen Arm um meine Schultern und sagte: „Du magst ein Maestro sein, du magst ein Star werden, die Welt mag dir irgendwann zu Füßen liegen. Aber, mein Sohn, vergiss bitte eines niemals: Du bist als Musiker ein Diener der Gesellschaft. Und nichts anderes!"

So bewahrte mein Vater mich früh davor, mir allzu viel auf mein Talent einzubilden oder mich gar für etwas Besseres zu halten. Von meinen Eltern lernte ich die Achtung vor jedem Individuum. Es gab in meinem Elternhaus keine Arroganz und auch keine falsche Ehrfurcht. Der Professor, der zu meinen Eltern kam, wurde mit derselben Hochachtung behandelt wie der Postbote oder das Dienstmädchen.

Früh lernte ich den wichtigen Grundsatz der Wertschätzung, der meine Eltern verband: Jeden von uns hat Gott an einen Ort gestellt, an dem wir eine Aufgabe zu erfüllen haben. Ob jemand köstliche Brötchen backt, sorgfältige Abrechnungen schreibt oder als Arzt kranke Menschen behandelt – wir alle sind auf der Erde, um unsere Aufgabe zu erfüllen. Und – jetzt kommt ein wichtiger Punkt – dies mit Liebe zu tun. Für andere. In meinen Augen ist das der Königsweg zum Lebensglück.

Mein Vater lehrte mich, dass es meine Aufgabe war, durch die Musik meine Seele zu offenbaren. Und damit den Menschen Freude zu schenken. Und ich bin heute noch überzeugt: Wenn ich das nicht genauso hätte machen können, wäre ich *meschugge* geworden!

Ich muss allerdings gestehen: Ab und zu bin ich trotzdem in Gefahr geraten, die Nase hoch zu tragen. Es war zu der Zeit, als ich zusammen mit meiner Frau Ora begann, den Klezmer nach Amerika zu bringen. Natürlich wussten wir es nicht besser, als ausgerechnet in jener Stadt den Durchbruch zu versuchen, die an Spitzenmusikern so reich ist wie wohl kein anderer Ort der Welt. Aber ich hatte den Satz eines Musikerkollegen im Ohr: „Wenn du es in New York schaffst, dann schaffst du es überall!" Der Satz imponierte mir. Also wollte ich es auch hier schaffen.

Ja, dank Oras Hilfe schafften wir es auch. Der Höhepunkt: *„Giora Feidman in Concert at Carnegie Hall!"* Ein Mythos! Die Akustik ist berühmt; die *Carnegie Hall* gilt als einer der besten Konzertsäle der Welt. Dort spielen zu dürfen betrachten Musiker aus aller Welt als Ritterschlag. An diesem Ort dirigierte zur Eröffnung Tschaikowsky fünf Abende lang nacheinander seine Werke – mit mehr Glanz kann man wohl kaum einen Aufführungsort einweihen.

Das Haus war ausverkauft. Ich konnte es kaum fassen – bei allen Erfolgen, die ich sonst schon in meinem Leben gefeiert hatte. Ganz kurz davor war ich, mir darauf etwas einzubilden. Trug ich nicht die Nase schon etwas höher als sonst? Es mag sein, dass ich in diesem Augenblick so etwas wie einen Höhepunkt meines Musikerlebens erlebte. Doch ein Höhepunkt muss nicht zwangsweise in einem Höhenflug gipfeln – auf den oft der Absturz folgt. Ich blieb auf dem Teppich. Und ich bin überzeugt: Nur deshalb wurde auch dieses Konzert zu einem Erfolg.

Denn ich tat auch in der *Carnegie Hall* nur das, was mein Vater mich gelehrt hatte: Musik machen für die Menschen. Als Musiker ein Diener meiner Zuhörer zu sein. Und nicht der Verlockung von Glamour und Eitelkeit zu erliegen. Immer wenn ich in diese Gefahr geriet, hat mich Gott sanft wieder zurückgezogen. Immer wieder.

Vielleicht klingt das jetzt unprofessionell. Aber was heißt das eigentlich, professionell zu sein, wenn man Musik macht?

Als ich mit 16 Jahren das Konservatorium in Buenos Aires besuchte, ging es den meisten Lehrern darum, uns zu sogenannten professionellen Musikern auszubilden. Ich erregte Befremden, weil ich mich schon damals dagegen wehrte. Noch heute sage ich klar und deutlich: Ich bin kein Profi. Und um Gottes willen möchte ich keiner sein!

Von jeher fühle ich mich, wenn ich Musik mache, als *Amateur*. Das Wort kommt vom lateinischen Begriff „amare". Das heißt „lieben". Ein Amateur ist also jemand, der das, was er tut, liebt. Und nichts anderes empfinde ich, sobald ich zu meiner Klarinette greife und zu spielen beginne: reine Liebe.

Früh lernte ich von meinem Vater, dass es zwei Arten von Musikern gibt. Diejenigen, die auf der Bühne glänzen. Sie sind Virtuosen, wahre Meister mit herausragender Fingerfertigkeit, perfekter Technik und vollendeter Beherrschung ihres Instruments. Sie leben quasi in der Partitur des Werkes, beachten jede Tempobezeichnung bis ins Detail und nehmen jeden Triller minutiös mit.

Die Begeisterung des Publikums ist dieser Spezies von Künstlern sicher. Denn sie geben genau das, was die Zuhörer schon hundertmal von einem Tonträger gehört haben. Der professionelle Musiker liefert zuverlässig exakt dasselbe Hörerlebnis eines im Studio bearbeiteten Soundtracks, so wie es bei manchen Konzerten und Großveranstaltungen schon digital verstärkt und vom Band unterstützt wiedergegeben wird. Heute muss man sich schon manchmal fragen, ob das Gehörte wirklich noch live von Instrumentalisten gespielt worden ist oder ob es sich um Musik „aus der Konserve" handelt.

Der professionelle Musiker nimmt seine Aufgabe sehr ernst. So ernst, dass allein der Gedanke an Improvisation oder eigene Interpretationsansätze für ihn einem Sakrileg gleichkommt. Damit bleibt er ein Verwalter des Originals und bringt es immer wieder von Neuem in identischer Form auf die Bühne. Das ist ja auch einer der Gründe, warum Menschen nach einem Konzert die CD mit dem gerade gehörten Programm kaufen: Sie wollen das Erlebnis des Konzerts mit nach Hause nehmen.

Mein Vater hat auch mich angeleitet, gut zu spielen. Dazu gehört natürlich auch die Technik. Ganz spannend: Das Wort „Technik" stammt vom griechischen *techne* und bedeutet „Kunst, Handwerk, Kunstfertigkeit, Können, Wissen". Also viel mehr als das, was wir heute unter „Technik" verstehen, nämlich die bloße Beherrschung eines Instruments. Auch beim Klarinettespielen muss man, wie bei allen Instrumenten, bestimmte Fertigkeiten zusammenbringen: die Atmung, die Lippenspannung, die Bewegung der Finger.

Viele Musiker können ihre Finger mit einer atemberaubenden Geschwindigkeit bewegen. Aber eine gute Technik zu haben, das Prestissimo zu beherrschen, bedeutet noch nicht, dass man auch die beste Musik spielt. Die beginnt erst da, wo die Kunst anfängt. Und Kunst ist es erst, wenn Herz und Seele und die ganze Persönlichkeit des Musikers mitspielen.

In diesem Sinne bin ich kein professioneller Musiker. Oder will es nicht sein. Ich habe von Anfang an Musik für bestimmte Anlässe gemacht – oder eher für die Menschen, die diese Anlässe feiern: Taufen, Geburtstage, Hochzeiten, religiöse Feiern, staatliche Festakte, ja auch Beerdigungen. Jeder dieser Augenblicke besitzt eine eigene, individuelle Atmosphäre, in die meine Musik hineinkommt. Dieses immer wieder Neue, diese Individualität, gepaart mit dem Grundgedanken, dass die Musik den Menschen dienen soll, macht es mir unmöglich, ein Stück immer wieder auf die gleiche Weise zu spielen. Für mich ist der Musiker dann ein Diener der Gesellschaft, wenn er sich von eigenen und fremden Erwartungen lösen kann und sich von seiner Intuition und Einzigartigkeit spielen lässt.

Für mich ist jedes Konzert einzigartig, einmalig, nicht reproduzierbar – ein Original. Es ist so einzigartig wie die Wolke, die in diesem Augenblick am Himmel über uns vorüberzieht. Niemals wird es am Himmel eine Wolke geben, die exakt so aussieht wie jene, die gerade vorbeigeschwebt ist. Und wenn wir nur zehn Sekunden wegsehen und dann wieder hinschauen, wird auch diese Wolke nicht mehr diejenige sein, die wir gerade gesehen haben. Leben bedeutet Veränderung. Die Natur besteht aus Veränderung. Und auch Musik entwickelt sich jeden Augenblick weiter.

Es gibt keine Diktatur in der Musik. Ob ein Stück von Bach ein gut gespieltes Stück von Bach ist oder nicht, lässt sich nicht an technisch messbaren Fakten festmachen oder gar am Grad der Perfektion. Oder mit Einteilungen wie „richtig" oder „falsch". Es ist eine Frage des Zugangs zur Musik. Nur wer mit der Seele spielt, spürt Musik und kann sich dafür öffnen.

Es ist wie bei allen Formen der Kunst: Sicher muss man eine gute technische Basis haben, Takt und Notenfolge müssen stimmen, Aber denken wir doch zum Beispiel an Gemälde: Was die Faszination eines Bildes von van Gogh oder Chagall ausmacht, ist ja nicht die technische Perfektion, mit der es gemalt wurde, obwohl die Künstler sicher auch in dieser Hinsicht ihr Handwerk beherrscht haben. Nein, was ihre Kunst zur Kunst macht, ist die unverwechselbare Art der Strichführung, der Farbgebung, der Komposition.

Niemandem mit nur einem Funken Liebe für die Kunst würde es einfallen zu sagen: „Der Himmel bei van Gogh ist falsch gemalt" oder „Ich habe schon schönere Blumensträuße gesehen als die von Chagall, denn es gibt nur eine Art, einen Blumenstrauß richtig zu malen". Und wenn nun jemand meint, es gebe nur eine „richtige" Art, Bach zu spielen, dann muss er wohl im Besitz von Johann Sebastians Telefonnummer sein und ihn persönlich danach gefragt haben, welche das ist.

Immer wenn ich in Paris bin, besuche ich den Louvre. Und irgendwann habe ich eine Entdeckung gemacht: Wenn ich mal ein halbes Jahr nicht da gewesen war, sah ich meine Lieblingsbilder mit anderen Augen – mit neuen Augen. Und genauso geht es mir mit den Musikstücken, die ich in meinen Konzerten spiele. Jedes Mal klingen sie ein bisschen anders.

Musik ist immer eine grandiose Mischung aus Tonfolgen und Harmonien, aber auch Gefühlen und Stimmungen, geprägt von dem Besonderen des jeweiligen Augenblicks, vom Zusammenspiel aller Faktoren. Und dieses Gesamterlebnis kann man eben nicht in eine Aufnahme pressen. Beziehungsweise man kann eben nur dieses eine Ereignis festhalten und nicht die tausend Variationen, die mit anderen Musikern, anderen Instrumenten, anderen Zuhörern an anderen Orten in anderen Stimmungen mit demselben Stück möglich sind.

Einen der konsequentesten Verfechter dieser Überzeugung habe ich in dem Dirigenten Sergiu Celibidache kennengelernt. Er war ein wahrer Magier am Dirigierpult. Es war durchaus nicht einfach, mit ihm zu spielen – Orchestermusiker auf der ganzen Welt wissen heute noch davon zu erzählen. Aber seine Wirkung auf ein Ensemble war pure Magie.

Ich weiß nicht genau, was seinen Zauber letztlich ausmachte. Doch habe ich eine Idee dazu: Celibidache stammte aus Rumänien und war mit der Musik der Zigeuner aufgewachsen. Ihr unbezähmbares Feuer und ihren individualistischen Charakter trug er in jede Sekunde seiner Probenarbeit. Er arbeitete hart mit dem Orchester, das dennoch gerne mit ihm probte. Celi, wie wir ihn nannten, machte sich seinen Spaß daraus. „Wenn ich komme, freut ihr euch!", pflegte er dem Orchester zu Beginn der Proben zuzurufen. Um dann hinzuzufügen: „Und wenn ich gehe, werdet ihr euch noch viel mehr freuen!"

Für den Stardirigenten war eine Platte nicht mehr als ein „schwarzer Pfannkuchen". Die Aufnahme mochte noch so spektakulär geglückt sein, für Celi galt sie nichts: Nur der Augenblick der erlebten Musik als Kunst in der Zeit zählte für ihn. Mehr nicht.

Meine musikalische Sozialisation ist eng mit dieser Sichtweise verbunden. Musik ist für mich von Kindheit an Dienst an den Menschen, nicht Selbstzweck für die Bestätigung des Künstlers. Dies ist der tiefste Grund dafür, warum ich lieber Amateur als Profi bin.

Wenn ich auf die Bühne trete, ist das jedes Mal das erste Konzert meines Lebens. Das ist die Wahrheit. Wie viele Konzerte durfte ich im Laufe meines Lebens schon spielen? Hunderte? Tausende? Zehntausende? Wahrscheinlich stimmt die letzte Zahl. Und dennoch ist es immer das erste Mal, weil kein Augenblick, kein Konzert, kein Publikum, kein Saal und kein Gefühl identisch ist.

Oft wurde ich gefragt: „Maestro, haben Sie Lampenfieber?" Meine Antwort darauf: „Warum sollte ich Lampenfieber haben? Ich brauche doch bloß das zu spielen, was meine Seele mir heute Abend aufträgt."

Und dann trete ich auf die Bühne und habe das Gefühl, ich stehe dort zum allerersten Mal in meinem Leben. Es ist nicht wichtig, ob ich vielleicht einen Fehler mache. Kann es überhaupt Fehler geben, wenn man seine Seele singen lässt?

Denn es ist ja nicht das Streben nach der perfekten Intonation, die mich treibt. Nicht die Suche nach dem vollkommenen Glissando. Nicht die Anstrengung, das Tempo noch mehr zu erhöhen. Nicht der Sport jener Musikkritiker der Feuilletons, mit einer Partitur auf dem Schoß während der Aufführung auf Tempofehler oder ausgelassene Phrasierungen zu lauern. Das mag den Erbsenzählern unter den Zeitungslesern Freude machen – mit der lebendigen Vergegenwärtigung von Musik für die Zuhörer hat das nichts zu tun.

Immer wieder zeigt sich in der Musik meine innere Stimme. Und ich höre auf sie. Es ist als Musiker eben nicht wichtig, der Beste zu sein und eine bestimmte Anordnung von Noten am makellosesten zu intonieren. Gelungen ist Musik dann, wenn sie es schafft, den Rhythmus der Seele auszudrücken. Mein Körper wird dann zum Instrument, das meine innere Stimme mithilfe des Atems durch meine Klarinette nach außen trägt.

Ich bin Liebhaber der Musik. Und ich liebe mein Publikum. Deshalb darf ich mich wohl im besten Sinne des Wortes als einen Amateur bezeichnen – einen Liebenden.

Muss man jedes Stück lieben, um es gut zu spielen? Man muss natürlich nicht. Aber man kann. Man darf. Meine Lehrer auf dem Konservatorium bewahrten mich auch bei diesem Thema vor Hochmut. „Sag niemals, dass du diese oder jene Musik nicht magst. Wenn du das Gefühl hast, es sei so, dann musst du dir und deinem Urteil eine Chance geben, sich zu revidieren."

Ich fragte nach: „Und wie sieht diese Chance aus?" Die Antwort klang für mich damals wie aus einem Ratgeber für Zen-Buddhismus: „Geh immer wieder hin und versuche, diese Musik zu verstehen. Geh hin und versuche, ihre Seele zu spüren!"

„Und wenn sie mir auch bei vielfachen Versuchen ihre Seele nicht offenbaren will?" „Dann sag dennoch nicht, dass du diese Musik nicht liebst!", so der Rat meiner Lehrer. „Akzeptiere einfach, dass sie da ist. Einen Zweck für irgendeinen Menschen wird sie erfüllen."

Dahinter steckt der Gedanke einer großen Toleranz, der nicht nur für das Feld der Musik gilt. Wenn uns etwas fremd oder merkwürdig erscheint, müssen wir es vielleicht erst kennenlernen, um es zu verstehen. Erst dann erschließt sich uns die Seele dessen, was uns fremd war. Und selbst wenn es nie „unseres" wird, hat es doch seine Berechtigung.

Seit Neuestem habe ich ein Mobiltelefon, das folgende verblüffende Fähigkeit hat: Wenn ich damit ein Foto von Noten mache und auf einen Punkt auf dem Display drücke, höre ich nach ein paar Sekunden die Melodie, für die diese Noten stehen. Verblüffend, oder?

Dennoch habe ich meine Zweifel, ob uns das im Dienst der Musik an den Menschen wirklich weiterbringt. Darf ich mir die Frage erlauben: Wer braucht das? Und wozu? Verhindert es nicht vielmehr, dass wir die Noten, die Sprache der Musik wahrhaft zu lesen und zu sprechen lernen und ihre Wirkung am eigenen Leib spüren können?

Heute lassen wir den Computer für uns singen und spielen – anstatt dass wir selbst die Stimme erheben und unsere eigene Resonanz hören, spüren, kultivieren. Wir müssen auch nicht mehr lernen, was es bedeutet, uns selbst „einzustimmen" – am Computer kann auch der schrägste Gesang zu wohlklingenden Tönen gemacht werden, ohne dass wir etwas dafür investieren müssen. Ein eher dünnes Stimmchen zum volltönenden Sopran verwandeln – kein Problem dank „Auto-Tune". Und der Computer nimmt das Ganze dann nicht nur auf, sondern druckt auch gleich noch die Noten mit dazu. Nur echt ist daran leider nichts mehr. Und was ist Musik ohne Echtheit?

Wie wäre es, wenn wir stattdessen die Musik endlich wieder als wahrhaftigen Ausdruck unserer Seele und als Gabe für andere betrachten würden? Wenn wir wieder die Muße fänden, unsere Stimmen zu erheben und zu fühlen? Und damit den Klang unserer Seele ganz neu erleben würden?

3. Das Mikrofon der Seele

Mein Vater spielte mit mir im „Rosenkavalier".
Nach dem Konzert sagte er:
„Solche Momente kannst du nicht kaufen.
Wenn du solche Musik machst,
berührt deine Seele
für einen Augenblick den Himmel."

Ich freue mich jedes Mal, wenn ich mit meiner Enkelin Hila und ihrer Harfe auftreten kann – und wir tun das, sooft wir unsere Termine unter einen Hut kriegen. Wenn wir miteinander musizieren, gibt es kein Jung oder Alt, keinen Großvater und keine Enkelin – sondern nur zwei Instrumente, die sich der Musik ergeben.

Was kann ich machen? Ein bisschen bin ich auch ein Vorbild für meine insgesamt zehn Enkel, vor allem dank unseres gemeinschaftlichen Engagements in der Musik. Sie spielen, singen, tanzen – es ist eine Freude, die Musikalität meiner Familie in den Jüngsten wieder aufscheinen zu sehen.

Natürlich sprechen wir auch viel über Musik. Hila fragte mich eines Tages, ob ich mich noch an meinen ersten Auftritt erinnern könne. Tatsächlich musste ich einige Zeit in meinem Gedächtnis kramen, bis mir wieder einfiel, wann ich das erste Mal in meinem Leben vor Publikum gespielt habe.

Natürlich hatte ich, sobald ich die Klarinette in den Händen halten und ein paar Töne produzieren konnte, für die Anlässe in der Familie gespielt. Onkel und Tanten bekamen von mir ein Geburtstagsständchen. Zu den Musikern bei unseren Familienfesten gesellte ich mich schon früh dazu, ich empfand das Spielen sofort als ganz natürlich. Vielleicht liegt das auch daran, dass ich die Klarinette meines Vaters schon im Bauch meiner Mutter immer wieder vernommen habe. Ihr Klang war immer da und hat früh mein Erleben geprägt. Aber vor einem Publikum ganz offiziell spielen? Das traute ich mich nicht. Vielleicht war ich ein wenig schüchtern, was den Mut angeht, sich vor anderen Menschen zu zeigen.

Es war das Jahr 1946, und meine Eltern, mein älterer Bruder und ich lebten in Buenos Aires. Ich war gerade zehn Jahre alt geworden und hieß damals noch Gerardo, nicht Giora. Was es damit auf sich hat, werde ich später erzählen. Mein Vater wurde in diesen Jahren als Musiker in der Stadt immer berühmter und gefragter. Ich wiederum hatte meine große Liebe entdeckt, die Klarinette, und beschäftigte mich unter der Anleitung meines Vaters immer inniger mit diesem Instrument.

Es war mein Musiklehrer in der Schule, der mich eines Tages bat, meine Klarinette mitzubringen und der Klasse vorzuspielen. „Warst du aufgeregt, Opa?", fragte mich Hila. „Hattest du Lampenfieber?"

Doch ich erinnere mich nicht, Aufregung oder Lampenfieber verspürt zu haben. An diesem Tag geschah etwas, das ich erst im Rückblick als ein Schlüsselerlebnis identifizierte: Ich ging mit meiner dicken Brille vor den Augen mit meinem Instrument im Klassenraum nach vorn, stellte mich neben den Lehrer und begann zu spielen. Einfach drauflos.

Es war ein klassisches Stück, aber ich weiß nicht mehr, von welchem Komponisten es stammte oder welchen Titel es trug. Dank meines guten Gedächtnisses brauchte ich bei diesem Vorspielen keine Noten. Ich spielte sozusagen innerlich vom Blatt, ließ die Musik aus mir herausfließen, deren Klang mich durchdrang. Und dabei begegnete ich zum ersten Male jenem Gefühl, das mich beim Musizieren seitdem begleitet. Mein ganzes Leben lang.

Hila wollte es genauer wissen: „Was ist das für ein Gefühl?" Ich musste nachdenken, bis ich die richtigen Worte dafür gefunden hatte: Ich fühlte bei meinem ersten Auftritt mit zehn Jahren zum ersten Mal, wie es ist, meinen Atem durch meinen ganzen Körper fließen zu spüren. Und mit ihm begann ich zugleich meine Seele zu spüren.

Schon nach den ersten Tönen merkte ich, wie der Atem mich durchströmte. Meine Augen hielt ich geschlossen, um den Strom, der in mir, durch mich und aus mir heraus floss, besser wahrnehmen zu können. Ich merkte, wie sich meine Musik mit jedem Ton mehr zu meinem Publikum hinneigte. Die anderen Kinder im Raum waren mir plötzlich sehr nah. Sie waren vollkommen still. Ich spürte, wie mit meinem Atem mein Innerstes, mein Herz, meine Seele, als Töne hörbar wurden. Eine Hingabe erfüllte mich, wie ich sie so noch nie gespürt hatte.

Vielleicht lag das daran, dass ich zuvor nicht für Publikum gespielt hatte, sondern nur für mich. Plötzlich aber waren da Menschen. Gegenüber. Andere Seelen. Und ich spürte, wie mein Atem mit ihnen Kontakt aufnahm. Für meine Klassenkameraden, die mir lauschten, war es Musik. Für mich war es der Atem meiner Seele, den ich zum ersten Male im Leben mit einem Publikum teilte.

Mein Vater hatte mich nie über den Atem als eine Besonderheit des Klarinettenspielers aufgeklärt. Ich atmete einfach und spielte, indem ich seine Art zu spielen imitierte. Dabei dachte ich mir eigentlich nicht viel. Ich spürte nur: Musik machen hieß Musik leben – und das musste so sein. Es war für mich stets ein und dasselbe Gefühl. Ich erinnere mich jedoch, dass es bei diesem Auftritt in der Schule war, als mir diese besondere Beziehung zwischen der Musik, meinem Atem und meiner Seele zum ersten Male bewusst wurde.

Nun ist es für mich nicht ganz einfach, dies alles für Hila zu übersetzen. Ihr Instrument ist die Harfe, nicht die Klarinette. Also lässt sich mein Gefühl des Atems, der mich durchströmt und den ich brauche, um einen Ton zu erzeugen, nicht auf ihre Art des Musikmachens übertragen. Die Harfe wird gezupft und gestrichen, ihre Verbindung mit der Seele erfolgt auf einem anderen Weg – über die Finger, die die Saiten greifen oder die Taste anschlagen, den Bogenstrich. Doch bleibt die Tiefe der Begegnung dieselbe. Denn egal, welches Instrument der Mensch in die Hand nimmt – wenn er es mit tiefster Sehnsucht spielt, wird dieses Erlebnis unausweichlich sein.

Bis heute, also ein Dreivierteljahrhundert später, ist dieses Gefühl genauso geblieben, wie ich es damals als Zehnjähriger verspürt habe. Es ist das, was ich bis heute fühle, wenn ich eine Bühne betrete. Es ist die Gewissheit, dass eine neue Liebe beginnt, sobald ein Konzert eröffnet wird. Ja, es ist so, als würde ich mich in diesem Augenblick neu verlieben. Liebe will sich verschenken, sie braucht ein Ziel.

Ich kenne Musikerkollegen, die stellen sich vor ihrem inneren Auge vor jedem Konzert einen bestimmten Menschen vor, für den sie jetzt spielen wollen. Meine Liebe ist nicht exklusiv. Ich verschenke sie an alle Menschen, die mir zuhören.

Wenn ich meine Klarinette in die Hand nehme, drücke ich die Liebe, die in meiner Seele ist, in all ihren Formen und Farben aus. Gott gab mir das Glück zu verstehen: Musik ist ein Gebet. Es ist ein Dank an den Schöpfer aller Liebe und aller Musik. Aber das kann nur passieren, wenn ich diese Gabe auch nutze.

Ich habe versucht, das Hila so zu erklären: „Wenn Musik etwas Religiöses ist, dann ist ein Konzert auch so etwas wie ein Gottesdienst, ein Gebet. Mein Körper wird zum Instrument meiner Seele. Denn ich glaube, Gott hat mich so gemacht, weil er ein paar mehr Musiker brauchte, um den Menschen Freude zu bereiten."

Klingt *meschugge*? Kann sein. Aber was soll ich machen? Ich kann nur wiedergeben, was sich in meinem Innersten vollzieht, wenn ich das Glück habe, Musik machen zu dürfen. Ja, das Glück. Ich sage das ausdrücklich so. Arbeit war das Musizieren für mich nie, auch wenn mein Vater mich immer dazu anhielt, an meinem Talent zu arbeiten: „Gott gibt dir alles, auch dein großes Talent. Aber er gibt es dir nicht einfach so. Du musst selbst herausfinden, was dir gegeben worden ist, und es stetig verbessern und erweitern."

Vielleicht bin ich auch nur ein Clown, wie einmal ein guter Musikerfreund mit einem Lachen zu mir sagte. Wenn das so ist, dann ist es gut. Denn ich bin gern ein Clown. Und ich bin auch gern so naiv, zu denken, dass jedes Konzert, das ich spiele, wie das erste in meinem Leben ist.

Unsere Seele ist keine CD. Sie bewegt sich dauernd in einem unablässigen Fluss. Sie kennt keinen Anfang und kein Ende. Sie übt sich in der Preisgabe unseres Innersten. Die Atemluft, die ich ein- und ausatme, ist ihr Botschafter – egal ob ich zu einem Menschen spreche oder für ihn Klarinette spiele. Die Energie meines Atems erhält mein Leben und meine Gefühle.

Je mehr ich nachdenke, desto mehr spüre ich, dass es mir darum geht, die Beziehung zwischen mir und meiner Seele zu ergründen. Diese Beziehung beginnt mit der Erfahrung des Nicht-bewusst-Seins: Meine Mutter war die erste Frau, mein Vater der erste Mann in meinem Leben, die mir meine Seele geschenkt haben. Ich wusste damals natürlich nichts von diesen Dingen. Wenn meine Mutter mich stillte, war das auch nicht wichtig. Ein Baby ist die ganze Zeit verbunden mit seinem Unterbewussten. Erst wenn wir aufwachsen, wird uns Menschen die Existenz der Seele mit dem Verstand bewusst. Doch halt! Das gilt nur mit Einschränkungen. Die Wahrheit ist: Diese Einsicht wird nicht allen Menschen gleichermaßen zuteil.

Ich habe lange gerätselt, was den Unterschied zwischen einem erfüllten und einem unerfüllten Leben ausmacht. Es ist der Unterschied zwischen Bewusst-Sein und Nicht-bewusst-Sein. Wie viele Menschen habe ich in den über acht Jahrzehnten meines Lebens kennenlernen dürfen! Und wie viele dieser Menschen sind sich ihrer selbst bewusst gewesen? Meiner Erfahrung nach eher wenige.

Die meisten bleiben im Unbewussten stecken. Sie kennen die Kraft ihres Innersten nicht mehr.

Es gibt ja auch viele überzeugende Gründe dafür, die Augen nicht aufzumachen, den Weg nach innen nicht zu beschreiten, ja, sich selbst nicht infrage zu stellen. Wie bequem ist es doch, im Unbewusstsein zu verharren! Der wohl einfachste Weg ist die Ausrede: „Ich habe für so was keine Zeit!"

Wer hat die schon – angesichts einer Welt voller Trubel und Getriebe, Streben nach Perfektion, nach Geld und Ruhm, nach Erfolg und Ansehen? Ich wage die These, dass diese Dinge eher hinderlich sind, wenn man sich als Musiker dazu aufmacht, den Klang der Seele zu finden. Im Materialismus findet sich selten Gefühl. In der Perfektion selten Wärme.

Viele meiner Freunde sind als Musiker deshalb so gut, weil sie die Verbindung zu ihrer Seele gefunden haben. Bei mir war es mein Vater, der mir dazu verholfen hat.

Ich erinnere mich an einen meiner Klarinettenlehrer. Er sagte eines Tages, nachdem ich vorgespielt hatte: „Ich habe dir nichts mehr zu sagen heute!", bevor er aufstand und mit einem freundlichen Nicken den Probenraum verließ. Ganz anders war das in der nächsten Stunde – denn da blieb er sitzen und hatte wieder etwas zu sagen. Sein Verhalten blieb mir ein Rätsel. Doch mit wachsender Reife wurde es mir klar: Wenn du mit dir und deinem Innersten im Einklang bist, dann kommst du der höchsten Form der Kunst ganz nah. Dein Ausdruck findet zur Vollendung, schwierigste Passagen fallen leicht, die Finger fliegen plötzlich über die Klappen, dein Atem fließt gänzlich von allein und verströmt sich und schenkt sich her.

Mein Lehrer ging immer dann, wenn er diesen Augenblick gespürt hatte. Wenn ich, und sei es nur in einer kleinen Etüde, den Geist der Melodie erfasst und in meine Interpretation aufgenommen hatte. Dann hatte er das Gefühl: Hier ist nichts mehr hinzuzufügen. Hier ist nichts mehr zu lehren. Hier ist die Seele in der Musik angekommen.

Die griechischen Philosophen betrachteten den Unterschied zwischen Verstand und Gefühl als die Ausprägungen zweier unterschiedlicher Haltungen: Sie beschrieben das mit den Begriffen des Apollinischen und des Dionysischen: Die erste Säule repräsentiert die Kräfte des Verstandes, die zweite die des Gefühls, des Rauschs und der Ekstase. Beide Prinzipien stehen seit Jahrtausenden in ständigem Widerstreit, aber auch ständiger gegenseitiger Befruchtung.

Während ich diesen Gedanken verfolge, fällt mir ein kurioses Erlebnis ein, das ich vor einigen Jahrzehnten nach einem Konzert – ich glaube in einer Großstadt in den USA – hatte. Die Zeiten des *Flower-Power* waren längst vorbei, aber bei verschiedenen Anlässen wurden durchaus gern Drogen konsumiert.

Mir war das stets fremd. Ich trinke gern mal ein Bier oder ein Glas Rotwein. Und wenn ich mit meinen russischen Musikerfreunden auftrete, gibt es hinterher natürlich einen Wodka. Als junger Mann habe ich mir manchmal eine Zigarre angesteckt, Zigaretten mochte ich nie, später habe ich auch mal zur Pfeife gegriffen, weil der Rauch so gut duftet und das Stopfen und Rauchen etwas

Kontemplatives haben. Das war es aber auch mit mir und den Genussmitteln.

Nach dem besagten Konzert wurde ich von einer Gruppe offensichtlich gut situierter und gebildeter Zuhörer gefragt, ob ich ihnen die Ehre geben würde, sie zu ihrer After-Show-Party zu begleiten, auf der ich eine ganze Reihe der Konzertbesucher wieder treffen würde.

Sie boten mir Champagner an, französischen Rotwein, Bier, Bourbon, Martini, Mischgetränke – ich lehnte dankend ab. Die Stimmung der Gesellschaft stieg. Bald zog aus einer Ecke ein süßlicher Duft durch den Salon, die ersten Joints machten die Runde. Was sonst noch so an Pulver und Pillen verkonsumiert wurde, mochte ich mir gar nicht genauer vorstellen.

Das Gespräch mit dem Hausherrn nahm philosophische Dimensionen an. Er sprach ausgiebig einem dunkelroten Chateau Lafite zu und vertrat die These, dass Ekstase die Voraussetzung dafür sei, dass der Mensch große Kunst hervorzubringen vermöge. Alle großen Künstler würden nach diesem Prinzip der Entgrenzung ihre Schaffenskraft zu steigern versuchen.

Ich hörte höflich zu, sagte aber nichts. Andere meldeten sich zu Wort, unterstützten, relativierten, kritisierten, bis sich schließlich ein neben mir stehender junger Mann an mich wandte und mich fragte: „Und, Maestro? Was nehmen Sie, bevor Sie auf die Bühne gehen? So wie Sie kann man doch nur spielen, wenn man unter Drogen steht, seien Sie ehrlich!"

Ich musste den Ekstase-Anhänger neben mir enttäuschen. „Ich kann gar nicht spielen, wenn ich nicht nüchtern bin", erklärte ich. „Der Rausch ist nicht die Voraussetzung für die Kunst, sondern im schönsten Fall ihre Folge."

Wahrscheinlich bin ich deshalb ein so miserabler Techniker auf meinem Instrument – und das meine ich ernst. Ich sehe um mich herum ausgezeichnete, begnadete Klarinettisten heranwachsen, deren technische Fertigkeiten atemberaubend sind. Sie sind besser als ich – was kann ich machen? Trotzdem verspüre ich Seelenruhe. Voll und ganz. Ich begebe mich gar nicht in die Gefahr, mich mit anderen zu vergleichen.

Jeder Mensch ist ein wunderbares Individuum. Jeder ist vom Schöpfer mit ganz eigenen Fähigkeiten begabt. Und da werde ich doch bitte schön nicht beginnen, mit den Gottesgaben anderer Menschen um mich herum zu hadern. Dankbarkeit für die mir anvertrauten Gaben, ohne ständiges Vergleichen den anderen ihren Erfolg und ihre Fähigkeiten gönnen, ohne Neid, sondern mit einem großen Herzen – so weitet sich die Seele, und die Persönlichkeit entfaltet sich in eine gute Richtung.

Sozusagen ein Gegenentwurf zur Ich-Kultur. Für die, die die jüdische Überlieferung nicht so genau kennen, möchte ich eine Erklärung anfügen: Als Jude kann man das Wort „ich" nicht so unbefangen aussprechen, wie es ein Christ oder Agnostiker tut. Und zwar aus religiösen Gründen. Gott wird im Judentum nicht „Gott" genannt, sondern er hat 72 verschiedene Namen. Und wenn Gott sagt: „ICH werde dein Volk aus Ägypten führen", dann wird in diesem Moment das Wort „ich" zum Synonym für „Gott". Für einen Juden ist es daher normal, nicht zu sagen „Ich habe Hunger!", sondern: „Giora hat Hunger!"

Das mag für nichtjüdische Ohren merkwürdig klingen, aber vielleicht lohnt es sich, die Frage zu stellen: Wer ist eigentlich „ich"? Wenn wir das Ich als unser „Ego" deuten, dann ist es nicht verbunden mit der Seele – dafür umso mehr mit dem Körper und seinen Bedürfnissen. Die kann ich natürlich auch nicht leugnen. Irgendwann bin ich deshalb aus dieser „Nicht-ich"-Regel ausgebrochen und habe zu mir selbst gesagt: „Komm, lass uns einen Deal machen, du mein Ego und ich: Ich nehme dich mit um die Welt und sorge dafür, dass wir spannende Zeiten haben. Und du störst mich bitte nicht dabei, mich und mein tiefstes Innerstes zu suchen und zu finden. Dieser Dialog war für einen Juden nicht „politisch korrekt". Aber hilfreich.

Im Lauf der Jahrzehnte fragten mich immer wieder Kollegen unter dem Siegel der Verschwiegenheit: „Giora, was ist dein Geheimnis? Was ist das Besondere an dir und deiner Musik, dass dir die Menschen so spontan und überwältigend ihr Herz schenken?"

Meine Antwort ist immer dieselbe: „Das Besondere an mir ist genau das, was auch das Besondere an dir ist. Aber vielleicht gibt es einen kleinen Unterschied: Ich habe es vielleicht gefunden. Und du hast es vielleicht noch nicht gefunden."

Merkwürdige Fragen sind das, oder? „Was ist dein Geheimnis?" Ich bin überzeugt davon, dass jeder Mensch besondere Talente und Mysterien hat. Er muss sie nur erkennen und leben lassen.

Es gibt Menschen, die können argentinische Steaks über dem Feuer so grillen, dass selbst einem Vegetarier wie mir das Wasser im Mund zusammenläuft. Es gibt geniale Automechaniker, Krankenschwestern, Schuster, Philosophen oder Steuerberater. Jeder von ihnen hat ein Talent geschenkt bekommen, und wenn er klug ist, hat er es genutzt. Ganz egal, welches es ist: Man muss seine Gaben einsetzen. Sie links liegen zu lassen wäre ein Frevel. Gott braucht all diese Talente. Darum setzt er sie in die Welt.

Doch nicht immer erkennt man seine Talente oder kann sie fördern und nutzen. So wie mein Vater mich beinahe aus lauter Vorsicht am liebsten erst gar nicht Musiker werden lassen wollte. Oder ein Kind träumt davon, Tuba zu spielen, eine dicke, fette, laute Tuba, die so wundervolle Basstöne auswirft, dass die Scheiben wackeln. Ein herrlicher Traum. Doch die Eltern sagen: „Lern lieber Geige! Dann kannst du im Orchester spielen. Und das klingt auch viel schöner."

Und damit beginnen die Probleme. Nichts ist mehr mit den Tuba-Träumen und dem dunklen, kräftigen „pam pa, pam pa, pam pa", das das Herz des Jungen höher hat schlagen lassen. Nun hält er ein Stück Holz in der Hand, das er nicht kennt und nicht mag und sich nicht gewünscht hat und von dem er nie in seinem Leben geträumt hat. Er muss nun kratzend die Lagen üben. Strahlend stehen seine Eltern daneben und merken nicht, was passiert. „Du musst nur brav üben, mein Junge ..." Und damit sind Frust und Versagen vorprogrammiert.

Es gibt unter meinen Enkeln einen, bei dem ich früh spürte, dass in ihm eine große Begabung schlummerte für die Musik. Schließlich begann er, Gitarre zu lernen, und er tat es mit solcher Begeisterung, dass er ein ausgezeichneter Gitarrist wurde. Die Beschäftigung mit dem Instrument schloss sein Wesen zudem auch für anderes auf, und er wurde ein wahrer Überflieger in vielen Schulfächern.

Ich bin überzeugt davon, dass jeder Mensch mindestens ein Talent mit auf den Weg bekommen hat, das er nur finden muss. Manche wissen früh, welches ihr Talent ist, andere müssen erst Verschiedenes ausprobieren Mein Rat lautet deshalb: Wenn Ihnen nichts Besseres einfällt, nehmen Sie einfach eine Klarinette für ein paar Euro in die Hand und spielen Sie drauflos. Tun Sie es einfach.

Für mich ist es übrigens der Anfang vom Ende, wenn ich Schülern lediglich die richtige Spieltechnik beibringen soll und nicht Musik. Das ist schrecklich. Natürlich nimmt auch bei einer solchen Art des Unterrichts ein Kind irgendwann die erste Hürde und lernt die richtigen Griffe und Töne. Nun gut. Aber Musik wird es erst später. Nämlich dann, wenn die innere Stimme in diesem Kind anfängt, sich zu regen. Aber allein Technik zu lernen ist der Anfang vom Ende für viele Musikschüler, ganz egal welchen Alters. Starres Üben lässt die Menschen die Lust am Spielen verlieren. Die Begeisterung dafür, Musik zu machen, geht buchstäblich flöten. Und so verlieren viele den Zugang zur Musik.

Ein Satz treibt mich auf die Palme, wenn ich ihn höre: „Ich verstehe nichts von Musik!" Dann möchte ich schreien: Du musst nichts von Musik verstehen, weil man sie *fühlen* muss! Sag mir jemanden, der die Liebe versteht! Kann man denn Liebe verstehen? Nein! Und genauso kann niemand wirklich Musik mit dem Verstand begreifen. Niemand!

Gott gibt uns andauernd Hinweise darauf, was wir tun können, um unsere Talente in uns zu entdecken und zu leben. Gelegenheiten dazu sind immer da, man muss sie nur sehen wollen. Warum spiele ich beispielsweise als alter Jude in einer christlichen Kirche in Deutschland ein muslimisches Gebet eines persischen Komponisten? Ja, das kann natürlich Zufall sein. Ist es aber nicht.

Ich habe einen Freund, der von mir behauptet: „Giora, das, was du lebst, ist eine Illusion!" Mag sein. Aber wenn es so ist, ist es eine wundervolle Illusion. Was kann ich machen? Es ist halt so! Ich genieße die Zeit, die ich habe, ob sie eine Illusion ist oder nicht. Die Musik, die ich mache, ist die Sprache meiner Seele. Die Seele ist Tacheles! Die Seele ist Wahrheit! Die Seele ist keine Illusion.

Wir sind nur die kurze Zeit des Lebens hier auf der Erde. Das ist nicht zu leugnen. Und deshalb sollten wir unserer Seele den gebührenden Raum geben, das Leben bewusst genießen und es für uns und andere zum Segen werden lassen.

4. Klezmer und Klassik

> *„Giora, verrate mir das Geheimnis*
> *deines Spiels!"*
> *Ich fragte: „Was spielst du?"*
> *Er antwortete: „Ich spiele nicht.*
> *Ich führe Klassik auf."*
> *Ich dachte kurz nach und sagte: „Siehst du.*
> *Das ist der Unterschied!"*

Manchmal frage ich mich selbst: Kann man mich wirklich vollkommen ernst nehmen – ich meine: als klassischen Musiker? Wenn ich dann in mich hineinhorche, höre ich eine Stimme, die mir sagt: „Giora, alter Freund, das ist doch gar nicht wichtig."

Gut und schön, diese eine innere Stimme. Sie hat sicherlich recht. So sagt es mir auch mein Gefühl. Doch wir leben alle in einer Welt der Einteilungen, der Zuweisungen, der Rollen, der Meinungen, die andere Menschen über uns haben oder die sie sich machen. Diesen Zuteilungen kann man sich nicht immer entziehen, zumal dann, wenn man noch ein bisschen jünger und vielleicht unsicherer ist.

Solch ein Vorurteil könnte, wenn ich genau hinhöre, zum Beispiel lauten: „Ah, der Feidman. Begnadeter Klarinettist, nur etwas zu flatterhaft. Heute Mozart, morgen Beatles, übermorgen Klezmer und dann muslimische Gebete. Im Opernhaus, in der *Carnegie Hall*, in jüdischen Gedenkstätten und in Rom vor dem Papst. Ein bisschen viel Durcheinander, oder?"

Und dann meine ich, ein Schaben von Holz auf Holz zu vernehmen, wie wenn man eine Schublade aufzieht, danach einen kleinen Knall, wie wenn man sie wieder zuschiebt. Dann höre ich die Stimme sagen: „Schublade Feidman: ein bisschen närrisch, der Mann." Und so wird das Etikett beschrieben, das auf die Schublade geklebt wird.

Ein Albtraum! Aber wenn ich mich in der Welt umschaue, stelle ich fest, dass viele Menschen genau nach diesem Verfahren ihre Urteile über andere fällen. Hauptsache, sie haben ein Etikett für ihr Gegenüber. Das zählt mehr, als hinter die Aufschrift zu blicken und herauszufinden, was diesen Menschen wirklich ausmacht!

Ich wurde schon früh geadelt durch die Aufnahme in ein weltberühmtes Orchester, das *Israel Philharmonic Orchestra*. Das Ensemble wurde unter dem Namen *Palestine Symphony Orchestra* im Jahre 1936 von einem emigrierten polnischen Geiger gegründet. Schon sein Auftakt erwies sich als fulminant: Das Eröffnungskonzert damals im Dezember wurde von Arturo Toscanini dirigiert, einem weltberühmten Musiker und glühenden Antifaschisten.

Wegen der Verfolgung jüdischer Menschen in Europa gelangten im Zeitraum nach der Gründung immer mehr ausgezeichnete Musiker nach Palästina. So war auch im Jahr 1957, als ich Aufnahme in das Ensemble fand, ein großer Teil der Künstler dort deutschen und osteuropäischen Ursprungs. Durch diesen Zustrom entwickelte sich ein einzigartiges Ensemble, das bis heute zu den besten Orchestern der Welt gezählt wird.

Gerade 21 Jahre war ich damals. Wie kommt ein Jungmusiker dazu, in eines der damals berühmtesten Orchester der Welt berufen zu werden?

In mir gab es eine tiefe Sehnsucht danach, als Musiker in das Heilige Land zu reisen. Schon als Zwölfjähriger hatte ich mich für Israel interessiert, war in eine zionistisch geprägte Jugendorganisation in Argentinien eingetreten. Und als ich Mitglied des Ensembles im *Teatro Colón* war, wurde der Wunsch, nach Eretz Israel zu fahren, immer größer.

Also füllte ich ein Formular der israelischen Einwanderungsbehörde aus und gab darin an, dass ich als Musiker in die Heimat meiner Vorfahren zurückkehren wolle. Im Gegensatz zu Millionen anderer Juden war ich ja vom Terror des Kriegs und des Holocaust verschont geblieben, war in Frieden und Wohlstand und von Verfolgung unbelästigt in Argentinien aufgewachsen. Ein Privileg, dessen ich mir bis heute sehr bewusst bin.

Auf der anderen Seite aber war mein Verlangen so stark, dass auch meine Eltern nicht versuchten, etwas dagegenzusetzen. Sollte ich halt als Orchestermusiker mein Glück im jungen Staat Israel versuchen!

Schon zwei Wochen nach meinem Schreiben erhielt ich eine Antwort: Im *Israel Philharmonic Orchestra* sei eine Klarinettistenstelle zu besetzen. Da man jedoch weder mich noch meine Fähigkeiten kenne, sollte eine Vertrauensperson benannt werden, die mich prüfen und gegebenenfalls empfehlen würde. Diese Vertrauensperson war niemand anderes als der Schweizer Dirigent und Komponist Paul Kletzki, der zu dieser Zeit als Gastdirigent für das Orchester tätig war – und ausgerechnet gerade in diesen Wochen des Briefwechsels in Buenos Aires weilte.

Das führte zu einer der denkwürdigsten Szenen in meinem noch jungen Musikerleben. Für mich und meine Zukunft in der Musik stand alles auf dem Spiel: Würde ich vom Gutachter als „klassischer" Musiker anerkannt werden? Oder würde er mich wegen mangelnder Eignung in die Niederungen der mittelmäßigen Allerweltsmusiker zurückstoßen?

Der Maestro wurde kontaktiert, ich zum Vorspiel eingeladen, die Spannung wuchs. Mein verehrter Lehrer Daniel Skoczdopole begleitete mich als moralische Stütze auf diesem Termin.

Dann geschah das, was ich befürchtet hatte: Nach nicht einmal drei Minuten hob der Gutachter die Hand und sagte nur ein Wort: „Genug!" Mein Lehrer und ich waren am Boden zerstört. Ich war für nicht gut genug befunden worden! Vorbei die Träume von einer Karriere als klassischer Musiker! Mein Lehrer Daniel Skoczdopole wollte das so nicht stehen lassen und versuchte den Gutachter umzustimmen: „Maestro, bitte, lassen Sie den jungen Mann doch noch einmal etwas spielen!" Die Antwort, die Kletzki gab, haute meinen Lehrer fast um: „Er muss nicht noch mehr spielen – was er gezeigt hat, genügt vollkommen. So etwas habe ich noch nie gehört!"

Noch am gleichen Nachmittag schrieb er ein Telegramm nach Israel. Vierzehn Tage später hielt ich den Vertrag vom *Israel Philharmonic Orchestra* in Händen. Mit 21 Jahren war ich am Ziel aller Träume eines klassischen Musikers angekommen: eine Stelle in einem der renommiertesten Orchester der Welt, die Möglichkeit, das gesamte klassische Repertoire aus allen Epochen kennenzulernen und aufzuführen, mit den bedeutendsten Dirigenten der Welt arbeiten zu dürfen, mit Kollegen zu spielen, die zu den besten Musikern ihres Faches gehörten. Ein Leben in der Klassik und für die Klassik, ein Leben in der *Beletage* des Musikbetriebes, in der hohen Disziplin der sogenannten „Ernsten" Musik, schien damit vorgezeichnet.

Doch ich hatte nicht mit dem gerechnet, was man Schicksal nennt. Und mit dem, was meine Seele zu alledem zu sagen hatte.

Ich fühlte mich wohl zwischen diesen ausgezeichneten Instrumentalisten im Orchester; es waren Freunde um mich herum, die mit mir musizierten. Dieses Gefühl war von Anfang an überwältigend: miteinander in einem Klangkörper zu wirken. Die Verbindung, die Musik zwischen Menschen schafft, ist einfach unglaublich. Zusätzlich geehrt fühlte ich mich durch die Arbeit mit Dirigenten wie Bernstein, Mehta oder Celibidache und vielen anderen. Leben in der E-Musik – ein Rausch für einen Musikmenschen wie mich.

Doch bei allem Genuss begann etwas anderes sich in mir Bahn zu brechen, das schwer zu beschreiben ist. Vielleicht geht das am besten mit einer Geschichte: Einer meiner Lehrer übte vor vielen Jahrzehnten mit mir Mozarts Klarinettenkonzert A-Dur, eines der letzten Werke des großen Meisters, dessen vollkommene Melodie mir heute noch die Tränen in die Augen treibt. Ich studierte die Partitur, ich perfektionierte meinen Ansatz und meine Fingertechnik – und dann spielte ich, als ginge es um mein Leben.

Mein Lehrer unterbrach mich nach ein paar Minuten und sagte mit fast komischer Verzweiflung: „Giora, was machst du?! Dein Mozart ist nicht Mozart. Das ist Feidman, wie er leibt und lebt."

Ich konnte einfach nicht anders. Mit meiner Klarinette hatte ich den inneren Mozart aus mir herausgelockt. Deshalb spielte ich irgendwann nicht mehr die exakte Partitur von Mozarts Klarinettenkonzert, sondern eben einen Mozart, wie Feidman ihn fühlt.

Ich bin keine Maschine. Ich reproduziere nicht. Ich bin das Instrument, das den Komponisten interpretiert. Das empfinde ich als meine eigentliche Rolle. Und dann geschieht etwas Merkwürdiges: Ich finde plötzlich beim Spielen einer Partitur auch Elemente, die vielleicht nicht so auf dem Notenblatt stehen.

Manchmal sehe ich, während ich etwas spiele, förmlich vor meinem inneren Auge, wie der Komponist sein Konzert niederschreibt.

Was wird da eigentlich aufgeschrieben? Die Noten sind die Basisinformation für ein Musikstück: Notenfolge, Takt, Tempo. Doch bevor ein Mensch Noten lesen kann, versteht er es schon, „Hänschen klein" zu singen. Das, was man in sich hört, das ist das Wichtige. Wenn ein Kind die Wörter „Papa" und „Mama" in Buchstaben aufschreibt, sind sie auf dem Blatt nur Information, schwarz auf weiß, nackte Fakten. Aber hinter diesen beiden Wörtern liegt für das Kind eine ganze Welt an Erinnerungen und Gefühlen, Liebe und Sehnsucht, Streit und Versöhnung, Wärme und Lachen. Und je nachdem, was der Mensch, der die Wörter liest, mit ihnen verbindet, sind sie mit denselben oder ganz anderen Dingen gefüllt.

Schreiben bedeutet Kommunikation, egal ob es Noten oder Buchstaben sind. Noten sind die Kommunikation zwischen dem Komponisten und mir. Wenn man sie vor sich liegen hat, gibt es zwei Möglichkeiten: Entweder liest man Noten, oder man liest Musik. Ich höre die Musik schon, wenn ich die Noten vor mir sehe, fülle sie mit meinen eigenen Assoziationen, Gefühlen und Erinnerungen.

Ich mochte schon als Kind handgeschriebene Noten besonders gern. Jede einzelne mit der Hand gesetzte Note ist ein Stück Liebe. Das ist eine Offenbarung für mich, das ist geronnene Musik, ein Spiegel der Seele des Komponisten. Wenn ich das Klarinettenkonzert von Mozart in seiner Handschrift lesen könnte, hätte ich bestimmt das Gefühl, mehr von der Bedeutung zu spüren, die die Noten, die Töne, die Melodie für ihn hatten, mit welchen Erinnerungen er sie füllte – kurz, der Seele von Mozarts Musik noch näher zu kommen.

Und dann ist es plötzlich da, das Gefühl, es unbedingt so spielen zu müssen, wie ich es in diesem Augenblick fühle. Genauso wie bei den Klezmer-Stücken, mit denen ich aufgewachsen war.

Der Begriff Klezmer war bis in die 1960er-Jahre hinein ein Synonym für so etwas wie die „zweite Wahl" in der Musik. Das „Gefäß des Liedes", so eine Deutung, sagt es ja schon: Klezmer ist ein Dialekt der universellen Sprache der Musik. Die Klezmorim des Schtetls spielten ohne Noten. Die volkstümlichen Melodien, teils jahrhundertealt, wurden nur durch das Spielen überliefert und dabei tausendfach variiert. Es gibt bis heute keine kodifizierte Klezmer-Notensammlung. Na und?

Ist Klezmer bloß harmlose Unterhaltung und Beethoven das einzig Wahre? Darf man eigentlich, wenn man Geschmack beweisen will, nur Bach hören und keinen Schlager? Zeigt sich guter Musikgeschmack darin, dass man Schubert liebt, aber Chansonniers wie Georg Kreisler verachtet?

Fast alle Menschen kennen die kleine Melodie des Partisanenliedes aus Italien – „Ciao bella ciao …". Es ist ein wunderbares Lied aus der Zeit des Widerstands gegen Mussolini und die Faschisten. Ich hatte es irgendwann aufgeschnappt, es gefiel mir sehr, und ich baute es in eine meiner Aufnahmen ein. Eines Tages stieg ich in ein Taxi, und im Radio lief das Lied. Ich gab dem Fahrer die CD mit meiner Aufnahme, sofort schob er sie ein, und was dann geschah, war einzigartig: Der Fahrer fing an, während der Fahrt quasi im Sitzen zu tanzen. „Ich liebe es, das Lied!", rief er mir zu und bedankte sich überschwänglich für die Aufnahme.

Ein Gassenhauer der antifaschistischen Jugend Italiens: billige Musik? Nein. Nicht nur die Klassik hat wertvolle Musik hervorgebracht. Noch mehr stellt sich für mich die Frage: Was heißt überhaupt wertvolle Musik?

Es gibt nur eine Sprache, die – ganz egal wo auf der Welt – verstanden wird. Das ist die Sprache der Musik. Und die drückt sich nicht unbedingt nur in Schachtelsätzen und gedrechselten Wortkonstruktionen aus. Im Gegenteil – je kunstvoller und komplizierter eine Komposition ist, desto weniger Menschen finden Zugang zu ihr. Deshalb ist in der Musik die größte Einfachheit oft die höchste Kunst und berührt die Gefühle am unmittelbarsten, ohne jemanden auszuschließen. Wer sie beherrscht, spricht die Sprache der Welt.

Und die Ausdrucksfähigkeit und Schönheit einer Sprache hängen doch nicht davon ab, ob sie verschriftlicht wurde oder nicht. Schubert und die Beatles, Bach und Kreisler, Tango und Beethoven, Jazz und Händel – sie alle sind wundervoll, und ich spiele sie alle gern. Es gibt keine zweitklassige Sprache auf der Welt. Und deshalb auch keine zweitklassige Musik. Keine zweitklassigen Menschen. Keine zweitklassige Religion oder Hautfarbe. Es gibt nur eine einzige Unterscheidung, die für mich von Bedeutung ist: „Spricht" ein Musiker mit seiner Seele oder nicht?

Denken wir zum Beispiel an das eingangs beschriebene Konzert im Herbst 2020 in Zingst. Ein Kritiker würde vermutlich schreiben: „Das Programm war ein buntes Potpourri von Bach bis Piazzola, von Klezmer über muslimische Gebete, Swing und Tango bis hin zu Klassikern von Mozart." Und das wäre ja auch nicht falsch.

Aber träfe die Beschreibung „buntes Potpourri" wirklich den Kern dessen, was an diesem Abend passiert ist? Hätte der Kritiker den Herzschlag verstanden, den jedes der sorgsam ausgewählten Stücke unserem Publikum übermittelt hat? Hätte er begriffen, dass die Sprache der Musik nicht in Kategorien gesteckt und bewertet werden kann?

Mit meinen Enkelkindern, vor allem mit Hila, spreche ich oft darüber, was Musik eigentlich bedeutet: Musik ist jetzt.

Musik ist Kunst des Augenblicks. Musik verweht. Mozart ist jetzt, wenn ich ihn spiele. Bach wird lebendig, wenn ich ihn aufführe. Niemand singt in der Vergangenheit oder in der Zukunft. Du singst jetzt. Du singst und spielst deine Musik in diesem einen Augenblick.

Vor vielen Jahren kam ein Klarinettist auf mich zu und fragte mich nach ein paar Glas Wein: „Giora, was ist es, das deine Musik so besonders macht?"

Ich dachte nach. Dann fragte ich ihn: „Was für Musik spielst du?" Er antwortete, ohne zu zögern: „Ich spiele nicht Musik. Ich führe Klassik auf."

„Siehst du", sagte ich. „Genau das ist der Unterschied!"

„Spielen", ist das Wort nicht wunderbar in seiner vielfachen Bedeutung? Für mich beschreibt es genau meinen „spielerischen" Zugang zur Musik: Ich spiele mit meinem Instrument, mit meinen Gefühlen, mit den Noten und Melodien, mit meinen Mitmusikern und den Zuhörern und deren Emotionen.

Der Zauber des immer wieder Neuen prägt auch die Zusammenarbeit mit den Urhebern zeitgenössischer Stücke. Mich bewegt, was ein Komponist empfindet, wenn er eine neue Melodie mit mir durchgeht oder sogar entwickelt. Für mich ist das so, als wenn ein Kind geboren wird. In einem solchen Augenblick sind wir Musiker das Instrument des Komponisten. In einer fruchtbaren Zusammenarbeit kann dabei Außergewöhnliches entstehen. Wir entdecken manchmal beide zum ersten Mal, was der Komponist überhaupt geschrieben hat.

Meine Aufgabe als Musiker ist es auch, dem Komponisten durch meine Interpretation eines Werkes vielleicht eine Seite offenzulegen, die er selbst in seinem Stück noch nicht erkannt hat.

Ein Freund von mir, von Beruf Komponist, saß in einem Konzert in Tel Aviv im Publikum. Ich wollte ihm eine heimliche Freude bereiten und baute deshalb in meinen Solopart extra für ihn eine wundervolle chassidische Melodie ein, die von ihm geschrieben worden war.

Nach dem Konzert trafen wir uns, und ich fragte ihn schmunzelnd: „Na, wie hat dir dein Stück gefallen?" Er sah mich erstaunt an: „Welches Stück meinst du?" Ich stutzte: Der Komponist hatte sein eigenes Werk nicht erkannt? Ich beschrieb meinem Freund, welches Lied in der Konzertabfolge ich meinte. Ja, er erinnerte sich: „Das war ein wunderschönes Lied. Aber ich habe es nicht erkannt."

Ein klassisches Beispiel aus der Musikgeschichte ist für mich als großen Freund der Beatles die Verwandlung des Lennon-McCartney-Klassikers „With a little help from my friends" durch Joe Cocker. Das musikalisch etwas biedere Original, das in hüpfendem Foxtrott-Takt dahindümpelt, formte der Mann mit der rauchigen Stimme in einen leidenschaftlichen Blues-Klassiker um. Mit einem Schlag machte der legendäre Auftritt Cockers auf dem Woodstock-Festival seine Neu-Interpretation weltbekannt – und ließ daneben das Original verblassen.

Wir sollen nicht nur das wiedergeben, was andere uns vorgeben, sondern wir müssen mit unserem Leben unsere ganz eigene Melodie spielen. Es braucht nur den Mut, den eigenen Klang zu spüren. In allen Bereichen des Lebens geht es darum, die vor uns liegenden Aufgaben, unsere Beziehungen nicht nur „technisch" abzuarbeiten, sondern unsere Seele in sie hineinzugeben. Und manchmal wird es passieren, dieses große Mysterium, wenn alles plötzlich so harmonisch zusammenpasst und sich ganz von selbst ergibt, ohne dass wir es noch bewusst steuern: Wir werden gespielt.

Mein Vater hat mir beigebracht, *nackt* zu spielen. Er sagte mir: „Die Seele hat keine Kleider an. Die Seele braucht keinen glänzenden Auftritt. Sie muss niemand anderem gefallen."

Ob ich Klezmer oder Mozart spielte, je reifer ich wurde, desto mehr stellte ich fest: Du kannst deine Seele nicht zu etwas zwingen, was sie nicht will. Aber wenn deine Seele ihre Ausdrucksform gefunden hat, dann muss sie diese auch nach außen tragen.

In meinen Konzerten wird deshalb auch mit dem Publikum gesungen – natürlich ein undenkbarer Vorgang für die E-Musik. Aber es verändert alles.

Astor Piazzola kann man singen, ebenso ist es möglich, auch ein muslimisches, christliches oder jüdisches Gebet im Spielen zu singen. Man muss sich nur trauen. Die Besucher zum Beispiel unseres Konzertes in Zingst wissen das: Am Ende haben wir alle miteinander ein jüdisches Gebet gesungen. Viele mit Tränen in den Augen. Ich auch. Wen interessiert die Musikkategorie, wenn die Seele singt?

Nachdem ich die Freude hatte, viele Jahrzehnte lang mit den berühmtesten Orchestern und Dirigenten der Welt zusammenzuarbeiten, habe ich eine zentrale Erfahrung gemacht: Es gibt Orchester, die führen Musik auf. Und solche, die sie singen.

5. Das Lob der Neugier

*"Es geht im Leben nicht darum,
etwas darzustellen.
Sondern darum, sich jeden Tag von Neuem
der Welt zuzuwenden."*

Einer meiner Enkel hat mich einmal gefragt, was ich tue, wenn mir langweilig ist. Erst habe ich die Frage gar nicht verstanden. Dann ist mir klar geworden: Ich kenne das Gefühl von Langeweile nicht – denn ich bin viel zu neugierig.

Der Langeweile will ich kein Unrecht tun. Es ist gut, wenn wir es mit uns selbst aushalten, wenn etwas weniger los ist. Zeiten, in denen wir auftanken, braucht jeder Mensch.

Doch ich will an jedem Morgen aufs Neue herausfinden, was heute an Überraschungen in meiner Klarinette steckt. Ich packe sie aus, gebe ihr einen Kuss, wie jeden Morgen, und dann beginne ich zu spielen. Meine Frau ist deswegen übrigens nicht eifersüchtig – sie weiß, dass der Kuss meine Dankesgeste gegenüber meinem Instrument ist: Dank dafür, was sie mir alles schon an Erlebnissen und unvergesslichen Momenten ermöglicht hat.

Natürlich spüre ich in mir beileibe nicht jeden Morgen dasselbe Gefühl. Wie ich spiele, hängt davon ab, wie gut ich geschlafen habe, wo ich gerade bin, welche Gedanken mich im Augenblick beschäftigen oder wie viele und welche Termine mich erwarten. Je nachdem bin ich schon bei den ersten Tönen im Einklang mit meiner Seele. Oder ich muss mich erst dahin vortasten.

Aber geht es nicht für jeden Menschen darum, mit welcher Haltung wir den Tag, ein Projekt oder das Zusammensein mit unseren Liebsten beginnen und wovon wir uns und damit alles, was uns begegnet, prägen lassen?

Mein großes Glück ist, dass die Musik meine Seele so stärkt, dass ich in jedem Augenblick mit dem Leben verbunden bin. Das scheint mir eins der Geheimnisse eines erfüllten Lebens zu sein: Wenn das, was wir tun, es uns ermöglicht, den ganzen Tag – oder sagen wir: einen großen Teil davon – unsere Seele zu fühlen, dann sind wir dem Glück ganz nahe. Ich muss nicht mehr verzweifelt irgendeinen Reiz suchen, nirgendwo mehr hingehen und nichts mehr tun, um innere Ruhe und Zufriedenheit zu empfinden.

𝄞

Die Neugier spielt dabei eine entscheidende Rolle. Ist sie auf Empfang gestellt? Wird sie unterdrückt oder gestillt? Mir ist natürlich bewusst, dass nicht jeder Mensch seine Berufung zum Beruf hat machen können. Dass unser Alltag oft grau ist, uns Nachbarn oder Vorgesetzte ärgern, der ungeliebte Job zum Geldverdienen unverzichtbar ist. Es schmerzt mich, wenn ich die Lebensumstände wahrnehme, in denen einige von uns sich befinden. Und ich hoffe sehr, dass der eine oder andere Gedanke von mir Hoffnung bringen kann.

Es ist vielleicht kein Trost, aber jeder Mensch hat sein Päckchen zu tragen. Ich weiß, dass ich privilegiert lebe, doch beispielsweise geht die Corona-Krise auch an mir nicht spurlos vorüber. Aber egal wo jeder von uns steht: Eine Haltung der Neugier ist ein wesentlicher Faktor, um Farbe und Perspektive in unser Leben zu bringen und uns dazu zu bewegen, etwas an dem zu ändern, was nicht so gut läuft.

Von Künstlern wird ja gern behauptet, dass sie ständig unter Strom stünden und ihr Leben auf der Jagd nach neuen Eindrücken verbringen müssten, um kreativ und produktiv zu sein. Auch die schon einmal erwähnten Drogen spielen bei solchen Vorstellungen vom Leben eines Künstlers in der Vorstellung mancher Leute eine Rolle.

Doch das ist einfach nur *meschugge*. Leben ist, wenn du dich selbst fühlst, wenn du den Herzschlag deiner Seele spürst – und nicht, wenn du deinen Körper durch die Adrenalinschocks der Weltgeschichte peitschst und dich in einen Zustand bringst, in dem du ständig außer dir bist. Das ist nicht das wirkliche Leben. Auch nicht für einen Künstler. Für niemanden.

In der Kunst, aber eigentlich in allem ist die Neugier viel belebender als der Rausch: Neugier auf die Welt, die Menschen, die Gefühle, die Natur, die Melodien, die wir hören und spielen. Wer neugierig ist, hat einen Vorteil: Er gibt sich nicht vorschnell mit dem zufrieden, was er hat. Sondern er ist erwartungsvoll darauf, was noch alles kommen kann.

So gut wie kein Zweiter hat Hermann Hesse das in seinem Gedicht „Stufen" ausgedrückt. Dieses Meisterwerk beschreibt die Neigung des Menschen, niemals stehen zu bleiben, seine Fähigkeit, immer neugierig und wach zu bleiben für das, was vielleicht schon im nächsten Augenblick oder in einer neuen Lebensphase auf uns wartet.

Von dem Augenblick an, in dem wir geboren werden, begeben wir uns auf einen Weg, den niemand von uns vorhersagen kann: nicht, wohin er führt, nicht, wie lange er dauert. Und ob wir ihn überhaupt bis zu einem natürlichen Ende gehen dürfen. Selbst unser letzter Weg vom Leben zum Tod ist ein Weg in eine andere Welt, die wir nicht kennen, die wir nur erfühlen oder erahnen können.

Für mich ist dieser letzte Weg eine Reise in die Heimat. Wir sind alle Pilger auf dieser Reise. Als meine Mutter starb, als mein Vater starb, war ich tieftraurig. Aber ich verzweifelte nicht, denn mir war klar: Meine Eltern sind nicht verschwunden, sondern an einen anderen Ort gegangen. Meiner Trauer zum Trotz wusste ich, beide gehen mir nur ein Stück voraus.

Die Stufen, die ein Mensch beschreitet, kann er am besten meistern, wenn er sich die Neugier bewahrt. Das fängt im Alltag an. Nehmen Sie einen Apfel in die Hand. Fühlen Sie ihn. Schnuppern Sie an ihm. Freuen Sie sich an seiner Farbe, seinem Duft, seinem Geschmack. Und dann essen Sie ihn mit Genuss. Er wurde von den Wurzeln eines Baums genährt, die unter der Erde wachsen, ist gereift unter Blättern, die in der Sonne flüstern.

Nennen Sie es Neugier oder Achtsamkeit, immer geht es um einen bewussten Geist und eine offene Seele. Sollten wir nicht neugierig darauf sein, wie ein solches Wunder der Natur entsteht, und uns darüber freuen, statt es einfach gedankenlos zu konsumieren?

Neugier ist der Motor persönlicher und beruflicher Entwicklung. Angst vor einem nächsten Schritt, einem Schritt ins Unbekannte zu haben ist ganz normal. Aber wenn die Neugier größer ist als die Angst und Schwierigkeiten nicht als Katastrophe, sondern als Chance zum

Wachsen begriffen werden, dann wartet auf uns etwas Entscheidendes: Wir werden uns selbst immer besser kennenlernen und mehr und mehr zu dem Menschen werden, der in uns angelegt ist und zu dem wir bestimmt sind.

𝄞

Für mich war immer entscheidend, mit welchen Menschen ich mich umgeben habe. Bestärken und beflügeln sie mich? Oder sind es destruktive Neider? Übertragen sie ihre Ängste auf mich, stecken sie mich damit an?

Wenn ich meinen Enkeln einen zentralen Rat mitgeben sollte, wäre es dieser: Such dir sorgfältig aus, wer dich auf deinem Weg begleitet. Denn diese Menschen werden dich, dein Denken und Handeln prägen.

Als Musiker habe ich Menschen aus so vielen Ländern und Kulturen kennengelernt. Bei der Musik geht es immer um Gefühle, sie weckt das Beste in uns. Nur gehen wir in verschiedenen Kulturen sehr unterschiedlich mit ihnen um. Meine Erfahrung, die ich gerne weitergebe: Wer den Mut hat, seine Gefühle auszudrücken, wenn er Neues, Schönes, Bedeutendes entdeckt, wird in den meisten Fällen auf positive, bestärkende Reaktionen stoßen.

In Australien gab ich eines Tages einem Baum spontan eine Umarmung und einen Kuss. Es war ein Avocado-Baum, dessen Früchte mir besonders gut geschmeckt hatten. Der Freund, in dessen Garten der Baum stand, blickte mich irritiert an und fragte: „Warum tust du das?" Ich klopfte ihm auf die Schulter und sagte: „Dieser Baum wird dich jetzt immer an mich erinnern, selbst wenn ich längst tot bin. Denn er wird uns beide lange überleben."

In meinem Garten in Israel stehen zwei Olivenbäume, einer von ihnen ist rund 600 Jahre alt. Diese Bäume wecken meine Neugier: Was war damals alles in der Welt los, als sie gepflanzt wurden? Ich habe mir die historischen Ereignisse dieser Zeit einmal in Ruhe angeschaut und war beeindruckt und erschüttert davon, was sich in diesen Jahrhunderten alles auf unserem Planeten ereignet hat. Und diese Bäume stehen heute noch in meinem Garten und zeigen sich ganz und gar unbeeindruckt von den Ereignissen der Welt. Und wir? Wir laufen aufgeregt umher, nehmen alles und jeden – leider auch uns – viel zu wichtig. Die Bäume, neugierig wahrgenommen, lehren uns, in längeren Zyklen zu denken. Nicht jeder Aufgeregtheit unseres Lebens so viel Raum zu geben. Zu akzeptieren, dass Stürme und Hagelschauer genauso zum Leben gehören wie Sonnenschein und Ernte.

Sind Olivenbäume eigentlich neugierig? Auf diese Frage habe ich allerdings keine Antwort.

Nun gibt es andererseits eine Art von Neugier, der ich eher kritisch gegenüberstehe. Zunächst: Neugier soll uns bewegen, darf uns aber nicht vor sich hertreiben. Auf die Neugier folgt die Wahrnehmung, und die erfordert die Fähigkeit zum Verweilen. Eine kritische Form der Neugier ist für mich aber zum Beispiel der Ehrgeiz von Wissenschaftlern, Schafe, Äpfel, Oliven – oder Menschen – künstlich herzustellen. Sollten wir uns nicht lieber darum bemühen, die natürlich gewachsenen Früchte der Erde besser zu schützen? Verstehen Sie mich nicht falsch, ich bin froh über den wissenschaftlichen Fortschritt, der uns in vielen Lebensbereichen so viel Gutes beschert hat. Aber es gibt Grenzen.

Ein anderes Beispiel, das mich befremdet: Die Menschen haben seit einem halben Jahrhundert darum gekämpft, erneut auf den Mond zu fliegen und von dort Gestein auf unsere Erde zu holen. Dieses Streben nach Höherem ist bewundernswert. Aber es bleibt die Frage: Was treiben wir eigentlich da oben? Lohnt es sich wirklich, Gesteinsproben vom Erdtrabanten hierherzubringen? Wie viel Geld, wie viel Erfindungsreichtum verschwenden wir dafür – mit denen wir eigentlich so viel Gutes hier unten tun könnten?

Natürlich kann ich die Thematik nicht komplett überblicken, aber die Frage sei erlaubt: Warum wollen wir zum Mars fliegen angesichts von Seuchen, Hunger, Krebs und Kriegen? Wäre es nicht besser, unsere Neugier auf das Leben auf dem Blauen Planeten zu konzentrieren? Denn der Mensch hat die Probleme hier unten noch lange nicht im Griff. Wäre das nicht die Aufgabe, die die Menschheit eigentlich als Erstes lösen sollte?

Oh je, das klingt undankbar. Aber was sucht unsere Neugier auf dem Mond? Ja, wir erweitern die Grenzen des technisch Möglichen ständig. Doch könnte unsere Technikgläubigkeit nicht ein Zeichen dafür sein, dass uns die Seele abhandengekommen ist?

Es macht mich verrückt, dass auf der Welt so viel Schreckliches passiert, das schlicht durch beherztes Eingreifen vermeidbar wäre. Und gleichzeitig befassen sich die besten Köpfe der Wissenschaft mit der Frage, wie Menschen den Mars besiedeln könnten!

Neugierig zu sein kann das ganze Leben verändern. Das habe ich bei meiner Einreise nach Israel im Jahr 1957 erlebt. Freunde meiner Eltern nahmen mich fürsorglich in Empfang, zeigten mir das Land, stellten mir ihre Freunde vor, halfen mir bei der Suche nach einer Wohnung und beim Papierkrieg mit den Behörden.

Und dann wollten sie mir eine besondere Freude machen: Sie luden mich in ein berühmtes Restaurant ein, in dem man Steaks zu essen bekam. Steaks! Das galt als Gipfel kulinarischer Erfahrung in Israel. Und ich war neugierig, wie es mir hier auf einem anderen Kontinent schmecken würde.

Doch was meine freundlichen Gastgeber leider nicht berücksichtigt hatten: Ich kam ja aus Argentinien, sozusagen dem Mutterland der perfekten Rindersteaks. Folgerichtig konnte die gut gemeinte Einladung eigentlich nur schiefgehen. Das Ambiente des Lokals war gediegen, die Kellner freundlich, die Atmosphäre perfekt. Doch musste ich ein Steak essen, das zäh war wie eine Schuhsohle und zudem schauderhaft schmeckte.

Für mich war diese Erfahrung nach dem, was ich aus meinem Heimatland kannte, einfach ernüchternd. Und so wurde ich über Nacht in meiner neuen Heimat zum Vegetarier. Da ich erst neu hier war, akzeptierten die Menschen in meiner Umgebung meinen Lebensstil, ohne nachzufragen. Sie wussten ja nicht, was für ein begeisterter Fleischvertilger ich in den ersten zwei Jahrzehnten meines Lebens in Argentinien gewesen war!

Erst nachdem ich diese praktische Entscheidung getroffen hatte, wurde mir auch eine innere Dimension des Lebens als Vegetarier zugänglich.

Meiner Überzeugung nach bin ich deshalb Musiker geworden, weil mein Schöpfer das irgendwie von mir wollte:

„Geh, Giora, nimm deine Klarinette und bring den Menschen mit deiner Musik Freude!", so empfinde ich den Auftrag meiner inneren Stimme.

Auch über die Musik hinaus sehe ich es als meine Aufgabe, mit dem mir Anvertrauten gut umzugehen und es wertzuschätzen. Und langsam wurde mir klar: Wenn ich rauche, trinke oder Fleisch esse, gehe ich mit dieser Aufgabe, meinen Körper, die Schöpfung und das Leben insgesamt zu achten, nicht sehr sorgfältig um. Als ich die Entscheidung getroffen hatte, Vegetarier zu werden, traf ich damit auch die Entscheidung, nicht mehr dafür verantwortlich zu sein, dass Rinder, Schafe oder Hühner für mich getötet werden. Die Menschheit produziert – welch schreckliches Wort – jedes Jahr Milliarden dieser Tiere nur, um sie zu verspeisen ... und viele davon zumindest in Teilen in die Mülltonne zu werfen. Die Lebensbedingungen der Tiere sind dabei meist qualvoll, skrupellos gegenüber der Schöpfung und damit für einen fühlenden Menschen nicht zu akzeptieren. Was soll ich machen? Ich will dafür nicht verantwortlich sein! Deshalb habe ich meine Entscheidung seit diesem Tag im Jahr 1957 niemals bereut. Sie war also in der Tat lebensverändernd. Auch für die Tiere.

Und das versuche ich heute auch meinen Enkeln zu vermitteln: Da draußen wartet ein Reichtum an Erkenntnis auf euch, wenn ihr die Bereitschaft mitbringt, neue Erfahrungen machen zu wollen. Und erst in der Erfahrung werden sich euch die tieferen Dimensionen eröffnen. Sie erfüllen, sie verändern, sie fordern heraus – und sorgen dafür, dass die Langeweile nichts zu tun hat.

Meine Neugier war es auch, die dazu beitrug, dass ich zum „Wiederentdecker des Klezmer" wurde. In meiner neuen Heimat Israel traf ich auf einen einzigartigen Schmelztiegel von Musiktalenten aus der ganzen Welt. Von überallher strömten jüdische Musiker nach Israel. Man traf sich, spielte miteinander, diskutierte.

Von meinem Vater hatte ich die Tradition des Klezmer aus dem Schtetl in Bessarabien aufgenommen, so wie er sie wiederum aus den Überlieferungen seines Vaters kennengelernt hatte. Diese Musik hatte sich in meiner Interpretation wiederum mit dem Tango Argentino, den ich wie den Klezmer sozusagen mit der Muttermilch aufgesogen hatte, zu einem eigenen Stil vermischt. In Israel traf ich nun auf Musiker chassidischer oder auch sephardischer Herkunft, die wiederum eine andere Musiktradition verkörperten. Neugierig, wie ich war, begann ich mir auch diese Stile musikalisch anzueignen.

Eines Tages wurde ich zu Aufnahmen des israelischen Rundfunks eingeladen. Es sollten Titel aus der chassidischen Tradition eingespielt werden. Diese Einladung sollte sich als schicksalhaft erweisen. Für den Klezmer wie für mich.

Im Studio stand die Technik für die Aufnahme bereit. Ich wurde gebeten, mit meinem Vortrag zu beginnen, und spielte eine Reihe der erwünschten Lieder. Nach dem Ende der Aufnahme bat ich darum, die Aufnahmen anhören zu dürfen. Was ich vernahm, war nicht schlecht. Aber es war nicht das, von dem ich überzeugt war, was es sein müsste.

Die Neugier, die mich zum Erlernen der neuen Stilrichtungen getrieben hatte, wollte diese jetzt auch ausleben. Deshalb fragte ich den Regisseur und den Toningenieur:

„Ich würde das gern nochmals in einem anderen Stil spielen. Darf ich die Lieder neu interpretieren?" Beide willigten ein. Und bei dieser zweiten Aufnahme spielte ich so, wie es mir meine Seele sagte.

Diese Aufnahme lief am nächsten Tag über den Äther. Sie schlug ein. Und wie. So etwas hatte man noch nie gehört. Bürger riefen beim Sender an, fragten, ob sie das Lied nochmals hören könnten und ob man die Aufnahme irgendwo käuflich erwerben könne. Wenig später lief das Lied an einem einzigen Tag über 50-mal im Radio – ein Rekord!

Woran lag diese starke Resonanz? Ganz einfach: Niemand hatte zuvor dieses Lied auf diese Art und Weise gespielt. Die neue Interpretation des Stückes war im besten Sinne des Wortes unerhört – sie riss die Menschen mit. Es war so, als ob ein Damm gebrochen sei, der jahrelang aufgestaute Gefühle zurückgehalten hatte und sie nun freiließ.

Natürlich kann es nicht immer so gut laufen, wenn man seiner Neugier folgt. Manchmal erntet man vielleicht nur ein ausdrucksstarkes Schweigen – oder eine blutige Nase. An meinem Arbeitsplatz, dem *Israel Philharmonic Orchestra*, gab es unterschiedliche Meinungen über meinen Ausflug in die volkstümliche jüdische Musiktradition. Zur damaligen Zeit waren viele der Musiker des Ensembles deutsche und polnische Juden, die den Holocaust überlebt hatten. Die Deutschen sagten: „Giora, denk dran, du bist hier in der Philharmonie, nicht bei einer jüdischen Bar Mizwa!" Die Polen wiederum klopften mir auf die Schulter und gratulierten: „Bravo, Giora! Wunderbarer Klezmer!"

Aus dieser einen bescheidenen Aufnahme entwickelte sich eine Bewegung im ganzen Land. Ich musste immer mehr Stücke einspielen und wurde von Konzert zu Konzert gereicht, sodass manche Leute sich fragten, ob ich denn überhaupt noch Ensemblemitglied des Philharmonischen Orchesters sei. Das blieb ich natürlich nach wie vor.

Die Prominenz des Landes nahm von der neuen Welle Notiz – so spielte ich vor dem legendären Gründervater Israels, David Ben Gurion, ebenso wie vor der Ministerpräsidentin Golda Meir. Klezmer wurde plötzlich zu einer Sache von nationaler Bedeutung, zu einem Teil der jüdischen Seele, den man in diesem jungen Land wiedergefunden hatte. Diese Musik wirkte identitätsbildend in diesem Staat, dessen Menschen aus so vielen unterschiedlichen Ecken der Welt kamen. Und auch der „E-Musik"-Anspruch des Orchesters musste irgendwann vor der Welle der Klezmer-Begeisterung kapitulieren: Der Dirigent Zubin Mehta ließ mich in der Philharmonie als Zugabe Klezmer spielen.

Die Wiederbelebung der alten, reichen Tradition jüdischer Musik entsprang also einerseits meiner Neugier und andererseits dem Geist einer Zeit, die nur darauf gewartet zu haben schien. So viel Glück hat nicht jeder. Aber ohne den ersten Schritt kann der zweite nie folgen.

Ich spielte zunächst meist vor Juden in Israel, dann aber öffneten mir immer mehr internationale Veranstalter ihre Pforten. Konnte ich die Begeisterung bei Menschen jüdischer Herkunft noch nachvollziehen, so war mir die Ursache dafür in anderen Ländern und Kulturen nicht so ganz klar. Wir spielten vor immer mehr Menschen, die keine jüdischen Wurzeln hatten. Warum war das so?

„Die Leute", so sagte mir ein Veranstalter in diesen Tagen, „kommen nicht mehr wegen Brahms oder Mozart. Sie kommen wegen dir, Giora!"

So ebnete die musikalische Neugier mir den Weg zum internationalen Erfolg. Erneut: lebensverändernd.

Ich kann es zusammenfassend nur so empfehlen: Folge dem Ruf deiner Seele. Finde die dir anvertraute Gabe. Setze sie für andere ein. Bewahre dir die Neugier – und lass dich überraschen, wohin dich das führen wird. Es ist nicht wichtig, ob du Erfolg hast. Erfolgreich bist du dann, wenn du in deinem Umfeld wirkst – egal ob klein oder groß. Und auch im Scheitern kann eine große Erkenntnis für deinen weiteren Lebensweg liegen.

Schließlich wollte ich wissen, ob meine Musik auch in den USA funktionieren würde. Meine Frau ermutigte mich – und so brachen wir voller Neugier auf in das Land der unbegrenzten Möglichkeiten. Ist es ein Wunder, dass ich nie Langeweile hatte?

Wir hatten im Hinterkopf, dass es eine große jüdische Gemeinschaft in den Vereinigten Staaten gibt, die im kulturellen Leben der USA eine wichtige Rolle einnimmt. Vielleicht könnte die Unterstützung dieser Gemeinschaft uns auch den Weg in diesem riesigen Land ebnen. Vielleicht war ich naiv. Vielleicht war ich einfach nur unerfahren. Aber was soll ich sagen – die USA zeigten sich in der Tat als Land der unbegrenzten Möglichkeiten. Im Gelingen wie im Scheitern.

Neugierig war ich auch auf die Amerikaner als Menschen. Die Erfahrungen, die ich machte, waren durchaus gemischt, beispielsweise gab es sehr unterschiedliche Reaktionen auf meine Konzerte. Natürlich, auch für bekannte

Künstler ist der Auftritt auf der Bühne immer eine berufliche Aufgabe, bei der man – wie es heute gern gesagt wird – „abliefern" muss. Glücklicherweise gab es viele Menschen, die nach einem Konzert zu mir kamen und sagten: „Ich danke dir für deine Musik. Sie hat mich angerührt." Aber ich lernte zunehmend auch Leute kennen, die mir auf die Schulter klopften und sagten: „Du hast einen guten Job gemacht, Gratulation!"

Job? Was hatte das mit Musik zu tun? Irgendwie blieb ich irritiert – waren mir doch die Begegnungen mit Menschen und das Öffnen meiner Seele in der Musik das Wichtigste – und nicht das Credo: „Make money!"

Die starke Betonung des „Business", ein komplett materialistisches Denken, schien mir sehr verbreitet in den USA. Doch ich habe dort auch viele wunderbare, warmherzige und offene Menschen kennengelernt.

Und schließlich durfte ich wie bereits erwähnt in der *Carnegie Hall* spielen. Neugierig war ich vor allem auf einen Menschen, der in dieser Stadt lebte und dessen Musik ich verehrte, den ich aber noch nie hatte persönlich treffen können: Benny Goodman. Als mein Konzerttermin feststand, schickte ich ihm eine herzliche persönliche Einladung. Und er kam, besuchte mich in meiner Garderobe. Wir redeten lange miteinander, er war genauso neugierig auf mich wie ich auf ihn. Unsere bei diesem Treffen geplante Zusammenarbeit verhinderte dann allerdings seine Krankheit, die kurz darauf ausbrach – und schließlich sein Tod.

Was hat mir meine Neugier in diesem Fall eingebracht? In den USA eine ganze Menge Erfahrungen, viele schön, manche weniger. Spannend, wie bereits angedeutet, fand ich die Auseinandersetzung mit dem allgegenwärtigen Materialismus. In Israel gehen die Leute an den Strand, ins Kino, ins Theater oder Konzert, wenn sie ausgehen – in den USA eher ins Shopping-Center.

Eines Tages war ich mit einem wohlhabenden, aber sehr bescheiden lebenden Israeli in einer amerikanischen Einkaufsmeile unterwegs. Interessiert schaute er bald in dieses Geschäft, bald in jenes, begutachtete diese Auslagen, staunte über jene Preisschilder, ließ die Reihe der Dutzende von Läden, die sich rechts und links, oben und unten vor ihm auftaten, vor seinen Augen paradieren – und brach dann in einen Lachkrampf aus.

Ich schaute ihn ratlos an. Was war in ihn gefahren? Er lachte, bis ihm die Tränen kamen, und als er sich beruhigt hatte, sagte er zu mir: „Giora, mein Freund, hast du all das gesehen, all das, was es hier zu kaufen gibt?" „Klar!", sagte ich und fragte: „Und warum lachst du so?" „Ganz einfach!", gab mein Freund zurück. „Mir ist gerade klar geworden, dass ich nichts, aber auch gar nichts von diesem ganzen Plunder hier je brauchen werde."

Begegnungen mit einer anderen, in diesem Fall einer deutlich materialistisch geprägten Kultur können also auch dabei helfen, herauszufinden, was man *nicht* will. Ein Grund, warum ich keine Angst vor neuen Erfahrungen habe, selbst wenn sie mal nicht erfreulich verlaufen.

Die jüdische Kultur kennt in ihren hintersinnigen Witzen auch die Auseinandersetzung mit der Frage, warum es sich nicht lohnt, ein materialistisches Leben zu führen. Ich erzähle immer gern die Geschichte von einem Gentleman und Milliardär. Er hinterließ seinen Kindern zwei Testamente mit der Bitte, erst Testament Nummer 1 zu öffnen. Dieses enthielt die klare Anweisung an seine Kinder und das Beerdigungsinstitut, ihn unbedingt mit Socken zu beerdigen. Nun muss man wissen, dass es in der jüdischen Tradition untersagt ist, einen Menschen mit Alltagskleidern ins Grab zu bringen.

Mit dem diskreten Hinweis auf ein enormes Salär, das das Beerdigungsinstitut von den Erben erhalten werde, wenn man diesen etwas exzentrischen Wunsch des Verstorbenen berücksichtigen würde, wandten sich die Kinder an das Unternehmen. Doch der Bestattungsunternehmer weigerte sich standhaft, die religiösen Vorschriften zu brechen.

Für diesen Fall fand sich am Ende des Testaments Nummer 1 ein Hinweis: „Bitte Testament Nummer 2 öffnen!" Die Kinder öffneten das zweite Testament. Dort stand der lapidare Satz: „Seht ihr, Kinder, noch nicht einmal die Socken kann man mitnehmen!"

Die Botschaft dieser Geschichte hat mich immer fasziniert. Denn das Gesetz des Materialismus, das da lautet „Kaufen, kaufen, kaufen", ist nicht meine Welt. Verbunden mit dieser Konzentration auf tote Werte ist oft die Neigung zu einem Starkult, mit dem ich ebenfalls nichts anfangen kann. So habe ich eigentlich nur in den USA Fragen gehört wie: „Wie viele Konzerte gibst du in einem Jahr?" Ich antwortete, ich wisse es nicht genau. „Aber du verdienst doch wahrscheinlich viel Geld?" Wieder antwortete ich, dass ich das nicht genau wisse, weil es mich auch nicht sehr interessiere. „Aber du bist berühmt?" Ich brauchte nicht lange, um meine Antwort zu geben: „Nein, berühmt bin ich nicht. Jesus ist berühmt. Ich nicht!"

Denn welche Bedeutung hat es denn, „berühmt" zu sein? Es ist doch ganz egal, welchen Job ein Mensch macht, ob er die Straße fegt oder das Essen serviert: Sein Wert bemisst sich nicht daran, wie viele Menschen ihn kennen, sondern was für bleibende Werte er dieser Welt hinterlässt. Jeder Mensch ist es wert, auf ihn oder sie neugierig zu sein.

Stellen Sie sich vor, Sie wären überhaupt nicht neugierig. Was wäre dann mit Ihnen? Ganz einfach: nichts. Ohne diese Eigenschaft könnten Sie nicht überleben. Neugier ist die Triebkraft für (fast) alles. Sie bringt uns dazu, Neues zu lernen, Erfahrungen zu machen, uns zu verbessern, Auswege zu suchen.

Auch heute noch ist Neugier eine meiner stärksten Eigenschaften. Sie ist dauerhaft. Sie hört nicht auf, Fragen zu stellen. Sie hört nicht auf, mein Leben zu verändern.

6. Vom Glück des Reisens

*„Es gibt keinen Lieblingsort für mich.
Wenn du Musiker bist,
ist die ganze Welt deine Heimat."*

Jedes Jahr sehr häufig im Hotel zu übernachten, das ist der Preis, den ich dafür zahle, dass ich überall auf der Welt Musik machen darf. Das Reisen ist also, wie ich es meinen Enkeln mit einem Augenzwinkern erkläre, meine Bestrafung dafür, dass die Menschen finden, ich würde ganz gut Klarinette spielen. Wenn sie mich gern anhören wollen – was soll ich machen? Ich habe mich seit einem Menschenalter damit abgefunden, ständig unterwegs zu sein.

Natürlich habe ich Sehnsucht nach meiner Familie, wenn ich lange Zeit unterwegs bin. Als die zweite Corona-Welle auf ihren Höhepunkt zusteuerte, arbeitete ich gerade in Deutschland und wollte anschließend zurück nach Israel fliegen. Ich hatte aber einige Studiotermine für die Aufnahmen neuer Stücke, sodass sich mein Abflug bis tief in den Dezember des Jahres 2020 verzögerte. Und da war es dann zu spät. Der Lockdown kam, die Ärzte rieten mir in meinem Alter vom Fliegen ab, meine Kinder flehten mich an, bitte nur nichts zu riskieren. Also entschied ich mich schweren Herzens, über Weihnachten und Neujahr nicht in meine Heimat Israel zurückzukehren, um Ansteckungsrisiken zu vermeiden. Ich blieb bei lieben Freunden in Deutschland. Meine Familie war zwar nicht glücklich, aber wenigstens beruhigt. Und ich traurig, weil ich nicht bei ihnen sein konnte.

Trotz allem: Ich reise ausgesprochen gern. Wenn einer eine Reise tut, dann kann er was erzählen, heißt es im Volksmund. Und ich erzähle gern. Und da ich von Kindesbeinen an stets viel unterwegs gewesen bin, kann ich auch viel erzählen.

Eigentlich war ich, wenn ich es genau betrachte, mein ganzes Leben lang auf Achse. Ein Freund machte mal den Witz, ich sei wohl mit Ahasver, dem „Ewigen Wanderer" aus der Volkssage vom Kreuzweg, verwandt, der unsterblich durch die Zeiten irrte.

Doch nein, ich bin ja nicht gegen meinen Willen unterwegs und suche gehetzt nach Erlösung, sondern ich reise freiwillig. Reisen hat für mich auch immer etwas mit einem bewussten Weg, mit einem geschärften Sinn zu tun. Und mit einer inneren Haltung des „Unterwegsseins", die einen neugierig und beweglich bleiben lässt. Wer unterwegs ist, ist noch nicht angekommen.

Meine erste Interkontinentalreise führte mich von Argentinien nach Israel. Und dann kamen die Tourneen mit dem Orchester, mit verschiedenen Kammerensembles und schließlich meine Solokonzerte dazu.

Ja, das Unterwegssein ist mir auch schon lästig geworden. Aber es ist und bleibt eine wunderbare Gelegenheit, die Welt, Länder, Menschen, Kulturen mit eigenen Augen kennenzulernen und sich von ihnen inspirieren zu lassen. Den Blick für die Andersartigkeit und den Wert anderer

Einstellungen als der eigenen zu weiten. Und so Toleranz zu lernen und einzuüben.

Wir Menschen sind doch alle ohnehin Reisende – von Geburt an, einem unbekannten Ziel entgegen. Wir sind Pilger. Und das Einzige, was wir wissen, ist, dass die Reise auf dieser Erde nicht unendlich sein wird. Was vor unserem Leben lag? Wissen wir nicht. Was danach kommen wird? Wissen wir auch nicht!

Aber es steht uns gut, die Zeit zwischen den beiden gewissen Ungewissheiten zu nutzen, um die Welt zu entdecken und verstehen zu lernen. Denn sie hält eine Menge an Erkenntnissen für uns bereit. Davon erzähle ich meinen Enkeln besonders gern.

Meine erste Erkenntnis: Reisen muss man lernen. Bei mir begann der Lernprozess bereits als Teenager. Meine Eltern hatten in Mar del Plata, einem Urlaubsort an der Südküste Argentiniens, ein Ferienhaus gekauft. Wann immer es ging, reisten wir dorthin, anfangs per Bahn, später sogar per Flugzeug. Das bedeutete für meinen Bruder und mich den ständigen Wechsel in eine andere Welt: hier *die* Metropole Argentiniens, Buenos Aires, für uns verbunden mit Arbeit, Hektik, Menschenmassen – und auf der anderen Seite der mondäne Ferienort, der uns eine Ahnung von der Weite des Meeres gab und in uns das Gefühl der Sommerfrische auslöste.

Während dieser häufigen Ortwechsel erlernten mein Bruder Sergio und ich eine ganz entscheidende Voraussetzung für entspanntes Reisen: die Fähigkeit, an jedem Ort, zu jeder Zeit, in jeder Lage schlafen zu können und so Kraft für den weiteren Weg zu sammeln.

Davon profitiere ich noch heute. Ich kann in jeder Lebenslage schlafen – egal ob in einem Flugzeugsitz, einem Wartesaal oder auf dem Beifahrersitz eines Autos. Selbst die längste Reise wird so für den Weltenbummler zu einer Ansammlung von kleinen Erholungspausen – und dadurch erträglich. Wenn ich bedenke, wie oft ich allein den Atlantik überquert habe! Ohne die wohltuende Kraftquelle des Reiseschlafs wäre das richtig anstrengend geworden. Doch so habe ich die langweiligsten Passagen meiner Touren stets sinnvoll genutzt!

Die Fahrten mit meinen Eltern nach Mar del Plata waren keine wirklichen Herausforderungen – blieben wir doch in der Kultur, Sprache und Mentalität unseres Landes. Doch die Leichtigkeit dieses Ortes, der für uns eben nicht „Alltag" bedeutete, ließ uns das Leben abseits der Pflichten von Schule, Konzerten oder Konservatorium genießen.

Es gibt Fotos aus den Fünfzigerjahren, die uns beide flott gekleidet auf einem Motorroller und meist mit irgendeiner jungen Dame in unserer Nähe zeigen. Das aber sah vor allem meine Mutter nicht so gern. Sie hielt große Stücke auf „Anstand durch Abstand" im Umgang mit den Damen – eine Tatsache, die meinem Bruder und mir den Genuss der Freiheit in den Ferien ein bisschen einschränkte.

Meine Feuertaufe im Reisen war die schon angesprochene Überfahrt ins Gelobte Land. Auf dieser Fahrt lernte ich eine zweite wichtige Fähigkeit für Weltenbummler kennen: Von Marseille aus ging es auf einem Schiff unter der Flagge des Staates Israel weiter nach Haifa. Dieses Schiff, brandneu gebaut, war mit der modernsten Technik der Passagierschifffahrt ausgerüstet. Dazu gehörte auch eine sogenannte „Stabilisatorenanlage". Diese sollte – so die Ankündigung der Reederei – jede Form des Schlingerns vermeiden und so eine angenehme Überfahrt für die Passagiere ermöglichen. Mit dem entsprechenden Optimismus gingen die Gäste an Bord und bezogen ihre Kabinen.

Doch schon kurz nach der Abfahrt zeigte sich, dass die angepriesene Technik dem Wellengang des Mittelmeeres offensichtlich nicht gewachsen war. Als ich am zweiten Tag den Speisesaal des Dampfers betrat, saßen nur ganze drei Menschen an den Tischen. Die restlichen blieben in ihren Kabinen oder hingen sprichwörtlich über der Reling. Ich hingegen verspürte neben einem angenehmen Schaukeln einen gesunden Appetit – und hatte damit eine zweite Sache über mich gelernt: Seekrank wurde ich nicht.

In Israel war es für den Neuankömmling keine Frage mehr, ob man hier so etwas wie Toleranz aufbringen wollte – man musste es einfach. Alles war in diesem noch jungen Staat anders. Und alles bot die Möglichkeit, Neues zu erlernen, zum Beispiel Sprachen. Meine Muttersprache war Spanisch, und mehr als ein paar Brocken Englisch hatte ich bislang nicht gelernt. Die Amtssprache Israels ist das moderne Hebräisch, genannt Ivrit. Ich musste es mir möglichst schleunigst aneignen, denn die Übersetzungsprobleme, besonders im Orchester, waren nicht ohne Gefahren für mich. Sogar unsere englisch sprechenden Gastdirigenten konnte ich anfangs nicht verstehen. Was mich in dieser Situation rettete, waren drei Musikerkollegen aus dem Orchester, die Spanisch sprachen und mir auch im Englischen halfen.

In den ersten Wochen wählte ich deshalb die Strategie, ein wichtiges, ernsthaftes Gesicht zu machen, dann freundlich dem Dirigenten zuzunicken und so zu tun, als hätte ich alles verstanden, was er gesagt hatte. Das half. Wenigstens für den Moment. Auch daraus kann man etwas fürs Leben lernen: die Tatsache, dass man nicht immer alles komplett verstehen muss, wenn man sich in einer neuen Situation wiederfindet. Manchmal reicht es auch, einfach nur zu nicken, sich anzupassen und zu sehen, was passiert.

Wenn ich in ein Land reise, dessen Sprache ich spreche, ist natürlich alles einfacher. Doch auch wenn man sich gegenseitig nicht auf Anhieb perfekt versteht, sind Begegnungen zwischen Menschen immer möglich, wenn man sie nur zulassen will. Und natürlich habe ich einen großen Vorteil, denn die Sprache der Musik (und des Herzens) ist ohnehin für jeden verständlich – überall auf der Welt. Für einen Musiker braucht es keinen Übersetzer. Wenn du Musiker bist, ist die ganze Welt deine Heimat.

Wenn ich für meine Enkel eine dritte Regel für den erfolgreichen Weltenbummler aufstellen sollte, dann wäre es diese: „Sei ständig bereit zu improvisieren. Und vor allem: Ärgere dich nicht darüber! Sondern genieß die Freiheit, Pläne umzuschmeißen und Dinge ganz anders zu tun, als du es dir vielleicht vorgenommen hast!"

Das wiederum bedeutet, dass man eine Eigenschaft braucht, die nicht jedem von Natur aus gegeben ist:

Gelassenheit. Eine gewisse südländisch-entspannte Toleranz gegenüber den Umständen kann ganz hilfreich sein. Der geplante Flug fällt aus, und der nächste geht erst in vier Stunden? Der Reisebus hat eine Panne? Ich habe meinen guten Anzug vergessen? Nun, soll ich mich darüber aufregen? Lieber nicht! Das kostet nur Zeit und Lebensenergie. Wir können erst morgen weiterreisen? Egal! Lasst uns einfach gut zusammen essen, trinken und erzählen, aber bitte nicht ärgern! Das lohnt sich nicht.

Es ist eine besondere Form der Toleranz, die uns das Unterwegssein lehrt. Nichts ist mehr so wie in unserem Alltag. Die Ereignisse und Menschen, die uns umgeben, sind uns unvertraut. Gewohnte Abläufe verschwimmen, werden abgelöst durch Improvisation und Zufall. Das ist nichts für schwache Nerven. Ich kann mir Menschen, denen es vor allem um das Einhalten von Regeln geht, nur schlecht als gute Reisende vorstellen. Sie blicken hektisch auf die Uhr, wühlen in ihren vom Reisebüro zur Verfügung gestellten Unterlagen, vergleichen Zeiten, Zugnummern und Flugdaten permanent mit den Anzeigetafeln – und wehe, die Wirklichkeit fällt nicht so aus, wie sie es laut den Reisepapieren sollte! Dann verlieren sie rasch die Contenance, stellen patzige Forderungen an das überforderte Servicepersonal und machen sich und anderen Mitwartenden das Leben schwer.

Ich habe die Erfahrung gemacht, dass es sich viel besser reist, wenn es einem nicht um die möglichst effiziente Erreichung des Ziels geht, sondern um den Genuss, etwas Neues, Unvorhersehbares, erfrischend Anderes zu erleben. Der Weg ist das Ziel, das klingt ein bisschen abgedroschen, aber solche Binsenweisheiten kennt ja eben jeder, weil sie so sehr zutreffen.

Und das gilt genauso fürs Musikmachen. Mir geht es auch dabei nicht darum, möglichst effizient innerhalb von Zeitraum x ein Stück „wegzuspielen", sondern darum, am liebsten gemeinsam mit anderen Künstlern den Reichtum der Melodien zu feiern, spontan zu improvisieren und zu schauen, was sich daraus an Neuem, noch nie Dagewesenem ergibt.

In Hamburg gab es einmal in einem Konzertsaal einen Zwischenfall. Ich kam, wie so häufig, von der Rückseite des Saals durch das Publikum herein und spielte mein erstes Stück des Abends. Plötzlich klingelte ein Mobiltelefon. Der Sound: die vertraute Telekom-Melodie. Ich ging weiter in der Annahme, dass der Besitzer des Telefons es sofort mit hochrotem Kopf abschalten würde. Doch es geschah nichts dergleichen. Das Telefon bimmelte munter weiter. Die Melodie der Telekom durchkreuzte meinen herzzerreißenden Klezmer-Song. Später stellte sich heraus: Die Besitzerin der Tasche samt Telefon hatte sich rasch noch einmal in die sanitären Einrichtungen begeben – und kam zu spät zurück. Ein schwieriger Moment im Konzert. Was sollte ich machen? Da die Bimmelei immer weiterging, erschuf ich kurzerhand die erste Klezmer-Improvisation der Musikgeschichte, die einen Klingelton zu ihrem Leitmotiv machte! Nach den ersten Takten begannen die Zuhörer, die sich zunächst fremdgeschämt hatten, zu lachen und dann laut zu applaudieren!

Da war sie wieder, die Fähigkeit zur Improvisation – für die Musik genauso unverzichtbar wie zur Bewältigung einer Reise! Ach, für das ganze Leben.

Mittlerweile baue ich die Klingelton-Improvisation immer dann in meine Musik ein, wenn es nötig ist. Meist sind es ja Zuhörer, die vergessen haben, ihr Telefon auszuschalten.

Einmal jedoch ist es mir selbst im Konzert passiert. Es ist zwar eigentlich ein eisernes Prinzip, mein Handy vor dem Konzert stets dem Manager zu übergeben. Dieses Mal hatte ich es allerdings vergessen. Plötzlich fing mein Telefon in der Jackentasche lauthals zu bimmeln an. Wir haben kurzerhand alle forte gespielt, bis es vorbei war!

𝄞

Ein Freund fragte mich vor Jahren, ob ich nicht Lust hätte, mit ihm ein Buch über Hotels zu schreiben. Nach kurzem Nachdenken erkannte ich, dass das angesichts meiner reichhaltigen Erfahrungen ganz amüsant sein könnte. Einen gesunden Schlaf, Improvisationstalent und Toleranz hatte ich ja schon als wichtige Voraussetzungen für erfolgreiches Reisen genannt. Hinzu kommt eine gewisse Hartnäckigkeit im Umgang mit den Menschen an der Rezeption eines Hotels, egal wo auf der Welt. Hier erweist sich die Eigentümlichkeit meines Vornamens, der eigentlich gar nicht mein Vorname ist, immer wieder als Stein des Anstoßes. Ich habe diese Geschichte zur Freude meiner Kinder und Enkel immer wieder erzählen müssen. Aber beginnen wir erst einmal an der Rezeption.

Für die meisten Menschen steht fest, dass es sich bei einer Person, deren Vorname mit dem Buchstaben „a" endet, um eine Frau handeln muss. Das ist ja auch meistens wirklich der Fall. So kommt es oft vor, dass ich in einem Hotel als „Frau Feidman" eingebucht werde, was dann zu einigen Missverständnissen führt.

Ursächlich verantwortlich dafür ist die Intervention einer Sekretärin des israelischen Rundfunks, die mich bei meinem ersten Radioauftritt in meiner neuen Heimat begrüßte. Wie schon gesagt: Wenn einer eine Reise tut, dann kann er was erleben. Unter anderem auch, dass ihm sein Vorname abhandenkommt.

Mein in meinem Pass eingetragener Geburtsname lautet „Gerardo Feidman". Meine Mutter hatte sich bei dieser Namenswahl durchgesetzt – genauso wie beim „Sergio" meines großen Bruders. Sie hatte einfach Freude an der klangvollen spanischen Intonation dieser beiden Vornamen.

Der jungen Dame im israelischen Rundfunk jedoch sagte dieser Name nicht zu. „Wie sollen wir Sie denn vor der Sendung ankündigen? *Gerardo*, das geht nicht, das klingt für die hiesigen Ohren zu fremd."

Verschüchtert zuckte ich mit den Schultern. Die Dame musste es ja wohl besser wissen als ich. Was denn nun zu tun sei, fragte ich. Ganz einfach, meinte die Sekretärin, in Israel habe ja jeder das Recht, sich bei seiner Einwanderung einen neuen Namen zu geben. Am besten einen jüdischen. Und schon ging es los, zu meinem Erstaunen gleich hier und jetzt. Ich schlug vor, ich könne den Namen meines Großvaters annehmen. Der hieß Gedalia. Theologisch gesehen ein fantastischer Name. Er bedeutet im Hebräischen ungefähr: „Du wächst im Namen Gottes!"

Doch bei diesem Vorschlag machte sie ein ablehnendes Gesicht. „Der ist zu altmodisch. Die Leute werden lachen, wenn sie diesen Namen im Rundfunk hören."

Wie bitte? Mein Großvater hatte diesen Namen getragen, er ist auch einer der 72 Namen Jahwes, warum sollten die Menschen darüber lachen? Doch ehe ich noch aufbegehren konnte, schlug die Dame vor, aus Gerardo „Gidon" zu machen.

Nach einigem Hin und Her einigten wir uns auf „Giora". Die Sekretärin trug meinen neuen Namen in den Besucherausweis des Rundfunks ein, er fand seinen Weg in die Manuskriptzettel des Moderators, der den Klarinettisten der nun folgenden Sendung als „Giora Feidman" vorstellte. Und so kam es, dass ich nicht nur eine neue Heimat bekam, sondern gleich auch einen neuen Namen.

𝄞

Ein Hotel ist immer ein Zuhause für eine kurze Zeit. Bevor man in einem neuen Land möglicherweise in eine Privatwohnung eingeladen wird, sieht man zuallererst ein Hotel, dessen Zimmer man bezieht. Gewissermaßen die Visitenkarte eines Landes und seiner Menschen. Es gibt große Hotels und kleine, einfallslose und inspirierte, saubere und schmutzige – aus einigen der letzteren Kategorie bin ich gleich wieder ausgezogen.

Das Wichtigste in jedem Hotel ist die Frage, ob die Menschen dich wirklich als Gast empfangen – oder nur als „Kreditkarte auf zwei Beinen" sehen, die es möglichst unkompliziert zu bedienen und abzukassieren gilt. Meine Lieblingshotels sind meist kleine Häuser, die von einer Familie geführt werden und eine angenehme, herzliche Ausstrahlung besitzen.

Dank meiner Reisekompetenz Nummer 1, dem unkomplizierten Schlaf, komme ich mit fast allen Betten dieser Welt zurecht – zumal ich nach einem langen Konzertabend auch meist rechtschaffen müde bin. Dann bette ich mein Haupt auf ein Kissen, das ich mir vor vielen Jahren gekauft habe und das mich wie ein Kuscheltier auf jeder

Reise begleitet – das ist mein einziger Spleen. Herrlich, so gut einschlafen zu können!

Meine Enkel fragen mich oft nach kuriosen Reiseerlebnissen. Die gibt es natürlich. Hier ein Beispiel: Das Wichtigste ist es, zu wissen, wo sich im Hotelzimmer „geografisch" die Toilette befindet. Hat man sich das nicht eingeprägt, kann es zu überraschenden Verwicklungen führen.

Wie erwähnt schlafe ich tief und fest. Als ich einmal in irgendeinem Hotel auf irgendeiner Reise der letzten Jahre nachts ein menschliches Bedürfnis verspürte, ging ich halb traumwandelnd zur vermeintlichen Toilettentür, öffnete sie, ging hindurch und schloss sie hinter mir. Ich war nackt, wie Gott mich geschaffen hat, denn ich schlafe ohne Pyjama.

Erst als die Tür hinter mir ins Schloss gefallen war, stellte ich fest, dass ich mitnichten die Toilettentür passiert hatte, sondern die Zimmertür. Ich stand im Hotelflur, nackt wie ein Bruder Adams. Es war drei Uhr früh. Was tun?

Ich hatte Glück, denn in einer Nische stand ein Tisch mit einer Tischdecke darauf. Die drapierte ich so anmutig, wie es eben ging, um meinen Körper und hoffte inständig, dass um diese Uhrzeit an der Rezeption keine zartbesaitete Dame sitzen möge. Der Nachtportier, der mich erblickte, behielt die Contenance und sagte: „Sie sind nicht der Erste und nicht der Letzte, dem das geschieht."

Mit vollendeter Höflichkeit überreichte er mir einen neuen Schlüssel. So schnell ich konnte, begab ich mich in meiner improvisierten Toga wieder auf mein Zimmer, suchte dort die richtige Tür auf – und schlummerte dann sanft in den nächsten Morgen.

Man lernt beim Reisen so viel. Vor allem auch eines: auf die richtige Schlüsselnummer zu achten. Eine meiner schönsten Geschichten handelt von solch einem falschen Schlüssel. Den bekam ich von einer Rezeptionistin in einem Hotel in London. Meinen Klarinettenkoffer unter dem Arm, öffnete ich mit dem Schlüssel die Tür und betrat das Zimmer. So weit, so gut.

Der Fehler: Im Bett war ein Paar innig miteinander beschäftigt. Erst schrie sie bei meinem Anblick, dann schrie er. Ich suchte schleunigst das Weite. Noch ehe ich wieder an der Rezeption angelangt war, hatten die beiden Überraschten die Polizei gerufen – zwei Einsatzwagen fanden sich innerhalb von Minuten mit Blaulicht vor der Hoteltür ein, um den vermeintlichen Eindringling zu verhaften.

An der Rezeption wies ich darauf hin, dass es offensichtlich einen Fehler mit dem Schlüssel gegeben habe. Mit hochrotem Kopf rief die Dame am Empfang das betroffene Zimmer an und entschuldigte sich: „Madam, bitte verzeihen Sie, ich habe versehentlich Ihren Schlüssel Mr. Giora Feidman gegeben!"

„Giora Feidman?", schallte es aus dem Hörer zurück, so laut, dass ich es ohne Probleme hören konnte. „Der Klarinettist? Wir waren vor drei Wochen in seinem Konzert. Großartig! Sagen Sie ihm unseren herzlichen Dank für seine Musik!" Damit war die Sache erledigt.

Ich versuche gerade meinen Enkeln immer wieder zu verdeutlichen, warum es so großartig ist, die Welt durch Reisen kennenzulernen. Ich brauche nur einen Pass in die

Hand zu nehmen, und los geht es in die grenzenlose Welt. Ist es nicht fantastisch?

Doch für viele Menschen ist das so nicht möglich, sie werden durch Grenzen, Diktatoren, Visumsbestimmungen oder Einreiseverbote daran gehindert. Als freie Bürger eines freien Landes können sich meine Enkel so etwas gar nicht vorstellen. Masel tov! Ich habe mein ganzes Leben das Glück gehabt, dass ich in jedes Land auf der Welt einreisen konnte, in das ich wollte.

In der Bewegung von einem Ort, den ich kenne, zu einem anderen, den ich vielleicht noch nicht kenne, sind immer die Begegnungen mit den Menschen das Verbindende, die überall dieselben Sehnsüchte, dieselben Hoffnungen, dieselben Träume in sich tragen. Genau wie in der Musik sind diese Begegnungen die eigentliche Würze, verleihen dem gemeinsam gespielten Stück oder eben der Reise erst ihre besondere, einmalige, unvergessliche Färbung.

Ich weiß schon gar nicht mehr genau, wo ich überall war. Wenn ich versuche, in meinem Kopf zu rekonstruieren, welche Reisen mich in den letzten sechs Jahrzehnten wohin geführt haben, muss ich irgendwann abbrechen. Wahrscheinlich könnte ich eher die Länder aufzählen, in denen ich noch *nicht* gewesen bin.

Doch in meinem Kopf ist ein wunderschönes, buntes Mosaik von Erinnerungen an die vielen Begegnungen, die ich erleben durfte – und alles bindet sich zu einem großen Bild von Toleranz und Herzlichkeit zusammen.

Auf einer Tour, die mich vor vielen Jahrzehnten bis nach Moldawien führte, wollte ich auf dem Moskauer Bahnhof ein Sandwich kaufen. Vergeblich suchte ich nach einem Kiosk, der das von mir Gewünschte bereithielt.

Doch man konnte auf dem ganzen Bahnsteig nichts Essbares kaufen. Dafür gab es gefühlt 20 Kioske, die Wodka feilboten.

Ich bestieg, noch immer hungrig, den Zug. Drinnen fand ich ausgesprochen nette Leute, die bereitwillig ihren Wodka mit mir teilen wollten. Ich lehnte höflich ab, und die Menschen blickten mich plötzlich besorgt an: Sie fragten mich fünfmal: „Bist du krank? Geht es dir nicht gut? Kann man dir helfen?" Über mir schwappte eine Woge von Mitleid zusammen. Ich trank dann zwei Wodka – und schlief hungrig, aber selig im schaukelnden Zug ein. Andere Länder, andere Sitten.

Ist Reisen nicht wunderbar? Man erlebt Skurriles, Fröhliches, Nachdenkliches, und alles trägt dazu bei, den Schatz unserer Erkenntnisse und Erinnerungen zu vergrößern.

Seit Corona dürfen wir im Konzert nicht mehr zusammen mit dem Publikum singen. Deshalb sage ich den Menschen: „Bitte nicht singen, sonst holt mich die Polizei am Ende des Konzerts ab! Singt mit eurer inneren Stimme!"

Die Menschen überall auf der Welt wollen singen und tanzen, und das kann man ihnen nicht verbieten. Das ist wie der Korken des Champagners: der geht auf – aber nicht mehr zu. Und dieses Phänomen ist kulturübergreifend. In Japan warnten mich die Veranstalter: „Japaner sind nicht so überschwänglich in ihren Begeisterungsbekundungen. Das höchste Zeichen von Anteilnahme hierzulande ist, wenn die Zuhörer nach dem Konzert mit den Schuhen klappern." Doch das stimmte dann nicht. Die

Zuhörer standen beim letzten Lied geschlossen auf und sangen alle mit. Ein überwältigendes Erlebnis für mich auf der Bühne!

Ach überhaupt, Japan: eine zunächst so fremde Kultur, die mich aber berührte und überraschte. Im Hotel ließ ich meine Schuhe in der Lobby. Ungewöhnlich. Ich schlief auf einer Reismatte auf dem Boden. Da war ich wirklich dankbar für meine Fähigkeit, immer und überall schlafen zu können.

Eines Abends gingen wir als Gruppe in ein Restaurant, und natürlich war auch das Essen hier eine neue Erfahrung: Alle Speisen wurden in winzig kleinen Portionen nacheinander gebracht. Man reichte uns die „Suppe des Mondes" in einem winzigen Gläschen. Dann folgte ein Glas mit einer kleinen Nudel. Und so weiter. Wenn das so weiterginge ... Ich sagte zu meinem Musikerkollegen, der neben mir saß: „Zur Not gibt es da draußen eine Pizzeria an der nächsten Ecke. Wenn wir nicht satt werden, gehen wir da eine Margherita essen!" Doch am Ende hatten wir unendlich viele kleine Teller auf dem Tisch stehen, sicher 50 bis 60 Stück, und wurden alle satt.

Eines Tages spielte ich in Brasilien. Die Menschen dort sind verrückt nach Musik und Rhythmus, und das Konzert war besonders lebhaft und mitreißend. Aber die Menschen in Brasilien sind auch verrückt nach Fußball. Der Sport ist ihnen heilig. Während ich spielte, bemerkte ich, dass einige von den Zuhörern auf stumm geschalteten Mobiltelefonen ein Fußballspiel verfolgten, dabei aber munter zu meiner Musik tanzten. Ich habe innerlich gelacht, mich über ihre unersättliche Lebensfreude gefreut und sie gewähren lassen. Denn von der Fußballübertragung konnte ich nichts hören, also störte sie mich nicht. Und sie schien es nicht von ihrem Musikgenuss abzulenken. Warum also nicht auch für dieses Verhalten Toleranz aufbringen?

Eine besondere Begegnung war das Zusammentreffen mit Drusen in der Wüste Sinai. Die Angehörigen dieser Religionsgemeinschaft beschreiten einen sehr speziellen Weg des Lebens. Sie leben in Höhlen, beten, meditieren, suchen ihren ganz eigenen Weg zu Gott, von dem kein Außenstehender so genau weiß, wie er aussieht. Auch ihre besondere Art, die Flöte zu spielen, ist faszinierend – ihr Geheimnis ist eine zirkulare Atemtechnik, die sie mir vorführten. Sie spielten für mich, und ich spielte für sie. Und wir verstanden uns ohne Worte.

In Indien auf einer Tournee mit dem *Israel Philharmonic Orchestra* wurden wir gebeten, in kleiner Besetzung für einen Kreis von wichtigen Gurus zu spielen. Am Nachmittag wurden meine drei Kollegen und ich abgeholt, in einen mondänen Palast verfrachtet und üppig bewirtet.

Kurz vor dem Konzert erschienen sieben Gurus. Sie setzten sich auf den Boden vor uns, und als wir zu spielen begannen, schlossen sie die Augen. Diese Leute konnten keine Noten lesen und wussten nichts über Mozart. Ihre gesamte Kultur und Musik war so völlig anders, dass es eigentlich wahrscheinlich war, dass sie keinen Zugang zu Mozart finden würden. Aber sie ließen es zu, die Musik in ihrem Innersten zu spüren. Sie öffneten sich, sie hörten hin.

Die Gurus saßen in der Lotushaltung da, und ab der ersten Note floss so etwas wie Elektrizität zwischen ihnen und uns Musikern. Es herrschte, abgesehen von unserer Musik, eine solche Stille, dass ich die Augen öffnete, um zu sehen, ob die Menschen überhaupt noch da waren.

Als das Konzert zu Ende war, erhoben sich die Gurus, verneigten sich tief vor uns und sagten: „Bitte kommt bald wieder!" Das war eine der großartigen Begegnungen in meinem Leben.

Was fehlt mir noch in meinem bunten Mosaik der Erlebnisse und Erinnerungen? Einmal möchte ich für den Dalai-Lama spielen, einen Menschen, den ich wegen seiner unendlichen Humanität zutiefst verehre. Ich hoffe immer noch, dass mir dieses Erlebnis in der Zukunft vergönnt sein wird.

7. Wenn Seelen sich begegnen

„Wenn du in einem Ensemble spielst,
hören Neid und Zwietracht,
Streit und Nickeligkeiten sofort auf.
Denn Musik braucht die Eintracht der Seelen."

Was mich nicht nur auf Reisen interessiert, sind Begegnungen mit Menschen – unabhängig davon, ob diese Menschen in den Augen der Welt wichtig sind oder nicht.

Begegnungen haben viele Gesichter. Sicher, die meisten ereignen sich im Alltag, sind flüchtig, ihre Anlässe sind banal, und sie haben deshalb keine große Bedeutung für unser Leben. Der deutsche Dichter Kurt Tucholsky hat das vor hundert Jahren in einem wunderbaren Gedicht ausgedrückt, das den Titel „Augen in der Großstadt" trägt. Den Refrain habe ich mir eingeprägt: „Zwei fremde Augen, ein kurzer Blick, / die Braue, Pupillen, die Lider. / Was war das? Von der großen Menschheit ein Stück! / Vorbei, verweht, nie wieder!" So sehen die Begegnungen des Alltags aus: mit dem Kellner, der uns die Suppe an den Tisch bringt, der Verkäuferin, bei der wir unser gerade erworbenes Hemd bezahlen, dem Portier, der uns freundlich zunickt und dabei die Hoteltür aufhält.

Doch können manche Begegnungen sich, auch wenn sie nur wenige Augenblicke dauern und nie wiederholt werden, tief einprägen. Wie oft bin ich anderen Musikern begegnet, und wir haben uns spontan zum gemeinsamen Spielen hingesetzt. Nach ein, zwei Stücken gingen wir wieder auseinander, sahen uns nie wieder – doch das gemeinsame Erleben hat sich in meiner Seele eingebrannt.

Auch scheinbar banale Begegnungen können nachwirken. Ein Beispiel ist ein junger Mann, der in Tel Aviv als Pizzabote arbeitet. Mich beeindruckt, mit welcher Freundlichkeit er mich jedes Mal begrüßt, mit welcher Sorgfalt er die Pizzakartons auf unseren Küchentisch stellt, den Betrag entgegennimmt und uns einen guten Appetit wünscht – verbunden mit dem Hinweis, nicht zu lange zu warten, denn am besten schmecke die Pizza, solange sie noch heiß sei. Recht hat er. Er zeigt mir sehr deutlich, dass es egal ist, was ein Mensch macht, solange er die Dinge, die er tut, mit Liebe macht. Solche Begegnungen berühren nicht unbedingt die Tiefe unserer Seele – aber sie streicheln sie freundlich. Und das allein macht sie wertvoll.

Ein bisschen fehlt mir diese Kultur der Freundlichkeit mittlerweile. Einen Grund dafür sehe ich in der Herrschaft der digitalen Medien über unsere Zeit und unser Leben. Der Fernseher läuft bei vielen ohnehin längst als ständiges Hintergrundrauschen. Aus sozialen Netzwerken, Videos auf Handys und Tablets fluten immer mehr Informationen und lassen immer weniger Zeit, sich mit sich selbst auseinanderzusetzen, die innere Stimme zu hören. Da brauche ich mich nur in einer Flughafen-Lounge umzuschauen und die Mitreisenden zu betrachten, die auf ein Flugzeug warten. Keiner schaut mehr den anderen an. Alle starren unverwandt auf ihr Mobiltelefon. Vermutlich würden sie noch auf den Bildschirm ihres Telefons blicken, wenn der Flieger abstürzt.

Schade, aber es ist so. Ich für meinen Teil bin glücklich, bis heute ein Analphabet des Internets zu sein. Gleichwohl ist mir klar, dass nicht das Internet oder die

Digitalisierung an sich das Problem ist, sondern der Umgang der Menschen damit. Dennoch glaube ich, dass etwas mehr Leben in der „echten" Welt viele Menschen zu mehr Ruhe und Selbstwahrnehmung führen würde.

Es gibt einen weiteren Grund, warum der Ton zwischen den Menschen – gerade in den großen Metropolen – rauer und ruppiger geworden ist. Im Rückblick auf die vergangenen Jahrzehnte scheint mir das früher weltweit verbreitete Grundrauschen der Höflichkeit auch unbekannten Menschen gegenüber in vielen Gesellschaften nicht mehr so präsent zu sein. Spiegelt das einen Werteverlust wider, das Wegbrechen der bürgerlichen Mitte, in der ich noch in Buenos Aires aufgewachsen bin? Wie oft ist diese Grundhaltung schon als „spießbürgerlich" denunziert worden? Und dennoch ist sie eine der wichtigsten Zutaten für eine funktionierende Gesellschaft.

Wenn die Mitglieder eine Gemeinschaft einander nicht mehr wertschätzen, das Gesetz des Stärkeren gilt, eine Gesellschaft sich vor allem über die Abgrenzung von anderen Gruppen definiert, ist der Weg zur Diskriminierung nicht mehr weit. Ich bin vielleicht sentimental, dass ich den Verlust der Höflichkeit und Etikette bedauere. Aber ich kann Nähe nur genießen, wenn ich meine Seele dabei öffnen kann. Wo das nicht gelingt, bleibe ich verschlossen und schütze lieber mein Innerstes.

Für mich kann man die Lösung in ein Wort zusammenfassen: Liebe. Denn ohne Liebe gibt es keinen Frieden zwischen den Menschen – nicht im Alltag, nicht zwischen zwei Individuen. Und nicht in der ganzen Weltgemeinschaft.

Ich lebe jeden Tag für die Hoffnung, mit meiner Musik die Welt zu einem besseren Ort zu machen. Kunst kann eine Menge dazu beitragen, diese positive Energie zu wecken, die man Liebe nennt. Das lernte ich bereits als junger Mensch im Ensemble des *Teatro Colón* in Buenos Aires. Zwar war ich es seit Jahren gewohnt gewesen, zusammen mit meinem Vater und seinen Musikerfreunden aufzutreten. Doch in einem symphonischen Orchester zu spielen, das war eine ganz andere, eine ganz neue Form der Begegnung für mich – sowohl mit der Kunst als auch mit den Menschen.

Ich war 19 Jahre alt und spürte erst einmal das Naheliegende: Meine Freundin würde nach dem ersten Auftritt bei der Aufführung des „Rosenkavaliers" ungeduldig auf mich warten – und ich konnte es ebenfalls kaum erwarten, sie zu sehen. Aber als ich dann neben meinem Vater auf meinem Schemel im Orchestergraben des Theaters Platz nahm, war alle Unruhe vergessen. Ich tauchte ein in die Konzentration der Musikerkollegen, das Stimmen der Instrumente, die Stille vor dem Konzert, das Warten auf den Einsatz, den der Dirigent uns gab.

Dann schwoll der Klang unseres Orchesters an. Ich spürte ein bis dahin ungekanntes Gefühl: Ich wurde ein Teil unseres kollektiven Wollens, fühlte, wie mich der Dirigent und die Kollegen mitnahmen – und ließ meiner Seele freien Lauf im Klang der Instrumente. Es ist schwer zu beschreiben, aber diese Erfahrung zählt für mich zu den kostbarsten meines Lebens.

Wenn ich heute in einem Ensemble auftrete, spiele ich auch nach vielen Jahrzehnten immer wieder für diesen Moment. Er ist so kostbar. Im ersten Augenblick, in dem das Orchester erklingt, will ich vor Liebe für die

Gemeinschaft in der Musik schier bersten. Es gibt kein Wort, das dieses Gefühl der Einheit im Ensemble ausdrücken könnte. Ich selbst brauchte nach diesem ersten Erlebnis noch einige Jahre, bis ich die Bedeutung für mich in vollem Umfang verstanden hatte.

𝄞

Es ist ein eigener Mikrokosmos, das Spielen in einem Ensemble oder in einem großen Orchester. In meiner Laufbahn durfte ich das in verschiedensten Konstellationen erleben. Berühmte philharmonische Orchester, Kammermusik-Ensembles, Trios, Quintette, Oktette, Jam-Session-Gruppen, in denen sich Musiker spontan zusammenfanden. Der Musiker, der hier spielt, wird automatisch zum Teil einer Gemeinschaft. Das gilt für jedes Musizieren, bei dem mehr als ein Mensch beteiligt ist: Immer braucht es dieses stillschweigende Einverständnis aller Beteiligten, an der gemeinsamen Sache mitzuwirken.

Ohne Übereinkunft funktioniert gemeinsames Musizieren nicht. In Uneinigkeit lässt sich keine Harmonie herstellen. Wer ein Musikinstrument in der Hand hält, kann nicht schießen.

Natürlich gibt es auch zwischen Musikern Eifersucht, Eigenheiten, Abneigungen, ja vielleicht sogar Hass. So sind wir Menschen. Wenn sich solche Gefühle nicht auch unter Musikern finden würden, wären sie wohl übermenschliche Wesen. Doch die zwischenmenschliche Kommunikation in einem Orchester ist dennoch etwas Außergewöhnliches:

Mögen zwei Musiker aus der ersten und der zweiten Geige auch im normalen Leben kein Wort miteinander reden, mögen sie sich gegenseitig die Ehefrauen ausspannen und um den Ruf des größten Virtuosen wetteifern – in dem Augenblick, in dem das Orchester einsetzt, müssen sie auf Gedeih und Verderb miteinander harmonieren. Sie können sich nicht davor drücken. Auch wenn dein Mitspieler noch so ein Idiot ist, du kannst ihn nicht angreifen, ihm nicht aus dem Weg gehen. Du musst ihn so nehmen, wie er ist, denn er hat seine wichtige Rolle im Ensemble, ohne die das Ganze nicht funktionieren würde – ebenso wie du.

Musiker im Ensemble sind wie die Finger einer Hand. Von dem Moment an, an dem zwei Musiker miteinander spielen, werden sie für einen Augenblick lang ein Paar, und die Musik verbindet ihre Seelen. Und wenn dann das Zusammenspiel gelingt, ist das für mich ein Sinnbild für das ganze Leben. Für mich ist die künstlerische Gemeinschaft eine Geschwisterschaft. Wir spielen zusammen, und das schafft eine Verbindung, die manchmal tiefer geht als Blutsbande.

Was wäre alles möglich, wenn wir unsere Zwistigkeiten und Abneigungen hintenanstellen könnten, um im großen Konzert des Lebens zusammenzuspielen und gemeinsam etwas Wunderbares zu schaffen?

Im Konzertsaal geschieht so viel Interaktion, von der das Publikum oft gar nichts mitbekommt. Ein ständiger, meist sehr subtiler Austausch zwischen Dirigent und Orchester, zwischen den Musikern untereinander und genau genommen sogar zwischen den Ausführenden und dem

Komponisten des Stücks. Denn auch er ist ja immer anwesend in dem, was gespielt wird. Du bist Teil des Orchesters und gleichzeitig auch der Seele von Wolfgang Amadeus Mozart auf der Spur.

Ich wurde vor einigen Jahren von einem Journalisten gerügt, dass ich wohl in der Musikterminologie nicht ganz sattelfest sei. Ich hatte in einem Interview von einem „Mozart-Sextett" gesprochen, obwohl es natürlich ein Quintett war, mit dem wir Mozart aufführten. Dabei hatte ich ihm erklärt, dass das Quintett für mich eigentlich ein Sextett ist – weil Mozart in meiner Vorstellung stets mitten im Ensemble sitzt, wenn wir spielen.

Ich bin überzeugt, dass dieses innere Mitschwingen des Komponisten viel Einfluss auf die Qualität des Spiels hat. Der Organist, mit dem ich viele Jahre auftrat, ist so tief in seinem Bach verwurzelt, dass ich immer wieder das Gefühl hatte, Johann Sebastian würde selbst neben mir an der Orgel sitzen, wenn er Partita oder Fuge intonierte.

Die Begegnung zwischen Musikern und Publikum ist ebenfalls sehr subtiler Art, denn sie kommunizieren ja zumeist bei klassischen Konzerten nicht direkt miteinander. Und dennoch findet auch zwischen ihnen sehr viel Interaktion statt.

Vielleicht machen wir Musiker uns zu selten klar, für wen wir an einem bestimmten Abend eigentlich spielen. Die Zuhörer kommen zu einem Konzert. Sie hatten vielleicht einen fürchterlichen Tag: Ärger im Büro, Krach mit Ehefrau oder Kindern, ein unangenehmes Gespräch mit der Bank, Ärger mit dem Auto ... Die meisten Menschen kommen aus einem dauernden Zustand der Getriebenheit.

Im Konzert jedoch können sie all das ablegen und in etwas völlig anderes eintauchen: in die Kommunikation durch die Musik mit uns, den Musikern, und mit ihrer eigenen Seele. Ein Konzert wird zu einem Akt der Liebe. Musiker und Zuhörer fühlen dann die Energie der Gemeinsamkeit. Sie bilden im günstigsten Fall in diesem Augenblick eine Einheit. Manchmal möchte ich in solchen Momenten das Publikum umarmen und küssen.

Für mich sind die Menschen, die zuhören, für diesen Abend meine Brüder und Schwestern. Sie sind meine Familie, und wir sind in Liebe und Zuneigung miteinander verbunden. Ich biete ihnen einen Blick in meine Seele an. Und sie spüren etwas, von dem ich früher selbst nicht wusste, dass meine Musik es ausstrahlt: Liebe. Denn ich liebe die Menschen, für die ich spiele. Und diese Liebe strahlt dann von ihnen wieder auf mich ab.

Wer auf diese Art und Weise Wertschätzung spürt, der verändert sich im Konzertsaal. Weil Musik hörbar gemachte Liebe ist, weil unsere Seelen dabei miteinander kommunizieren, macht sie uns zu besseren Menschen.

Manchmal dient sie auch zu ganz anderem: In der Philharmonie von Buenos Aires schlief ein Mann regelmäßig ein, wenn er eine Wagner-Oper besuchte. Und das tat er oft. Kaum begannen die ersten Takte des Parsifal, schloss er die Augen und schlummerte ein. Er wachte erst wieder auf, wenn die fünf Stunden Oper vorbei waren – und dabei wirkte er gar nicht peinlich berührt oder so, als hätte er etwas verpasst, sondern im Gegenteil, er war erholt und heiter.

Befragt von einem Kollegen von mir, warum er denn immer wieder zu solch langen Opern komme, gab er uns eine verblüffende Erklärung: „Ich leide unter Schlafstörungen. Aber wenn Richard Wagner gespielt wird, kann ich wunderbar schlafen."

𝄞

Ein Symphonie-Orchester steht und fällt mit seinem Dirigenten. So unterschiedlich Menschen sind, so unterschiedlich sind sie auch als Dirigenten. Wenn ein neuer Chef vor ein Orchester tritt, wird es spannend – für ihn genauso wie für das Ensemble. In dem Augenblick, wo er die Hände zum ersten Mal hebt, wissen alte Orchesterhasen, was für ein Mensch da am Dirigierpult steht. Ist er souverän? Abgeklärt? Brennt er für die Musik? Benutzt er eine Partitur? Auf welche Details legt er bei seiner Interpretation des Musikstücks Wert, auf welche weniger?

Ich habe das Glück gehabt, viele bedeutende Dirigenten erleben zu dürfen. Darunter waren wahre Zauberer am Dirigierpult wie Celibidache, Barenboim, Kubelik oder Zubin. Wenn einer von ihnen uns anleitete, dann wurde unser Spiel zur Magie. Wenn ein überragender Dirigent ein Orchester führt, entsteht etwas Einzigartiges. Dann erfasst der Zauber alle Musiker im Ensemble, da fließt eine Energie, die spürbar ist wie Elektrizität in der Gewitterschwüle. Was in solchen Augenblicken im Orchester stattfindet, ist schwer zu erklären, so wie jede Magie. Es ist außergewöhnlich.

Die Rolle des Dirigenten ist so wichtig, um die Seele eines Musikstücks hervorzuheben. Die Meister unter ihnen konzentrieren sich, so meine Erfahrung, auf die musikalische Phrasierung, nicht so sehr auf das Tempo. Denn die Phrasierung trägt den Geist der Musik.

In meinen beinahe zwei Jahrzehnten im *Israel Philharmonic Orchestra* bestand das Geheimnis der besten Dirigenten in einer für Musiker schlüssigen Arithmetik. Sie machen aus eins plus eins nicht zwei oder gar drei, sondern: eins. Genau eine aus Orchester, Dirigent, Solist und Werk bestehende Einheit. Nicht jeder Dirigent schafft das.

In einem Symphonie-Orchester sind rund 90 Musiker tätig. Da muss die Balance stimmen. Die Grundlage für Stabilität ist, dass alle zusammenwirken, sonst entsteht ein Ungleichgewicht, und das „Gebäude" bricht auseinander. Und auch diese Balance hängt im Wesentlichen vom Dirigenten ab. Wenn seine Führung die stabile Grundlage bietet, kann sich das ganze Orchester zu Höchstleistungen aufschwingen, und alle zusammen fangen an zu „singen".

Manche Maestros geben gern die Einsätze. Aber ich weiß natürlich auch selbst, wann mein Solo dran ist, wenn ich nicht gerade im Konzert einschlafe. Der Maestro ist doch viel mehr als ein Impulsgeber. Er ist der Maler, der der Partitur die Farbe gibt und das Werk als ganzes Gemälde hinstellt! Das ist seine wichtigste Aufgabe. Der ideale Maestro also konzentriert sich auf die Phrasierung. Er gibt nicht die Einsätze, denn das hat sein Orchester nicht nötig.

Wir sind als Gruppe von Musikern ein Instrument in der Hand des Dirigenten. Wirklich gute Dirigenten betrachten das Orchester als einen Körper. Und das ist richtig: Denn das Geheimnis besteht darin, dass 90 Leute zu einem einzigen Klangkörper verschmelzen.

Etwas Tacheles zum Thema Solisten. Für mich ist das Solistentum im Sinne von Virtuosen- oder Starkult ein Irrweg. Die Wurzeln dieser Überzeugung liegen im jüdischen Glauben: Im Judentum geht es – anders als in der eher materialistischen Weltanschauung – eben nicht darum, überall der Erste und Beste zu sein. Viel wichtiger ist es, als Teil der Gemeinschaft und als Diener der Gesellschaft zu leben.

Deshalb hat mich das Wort „Karriere" immer gestört. In meiner Muttersprache, dem Spanischen, bedeutet die Wurzel „Carrera" zunächst mal „Wettrennen" oder „Wettkampf" und erst in zweiter Linie so etwas wie einen „Werdegang". Karriere als Musiker zu machen, indem ich gegen andere antrete und gewinne, das war nie meine Absicht. Es war für mich auch nie Arbeit, Klarinette zu spielen. Ich habe es einfach aus Lust und Freude getan. Und weil mein Vater mir vorgelebt hatte, dass Musiker als Teil der Gesellschaft wirken, wenn wir auf Familienfesten spielten. Meine Universität waren die unzähligen Hochzeitsfeiern, auf denen ich zusammen mit meinem Vater musizierte. Ich bin kein Bohemien, ich bin kein „Promi", der sein Leben mit Tamtam inszenieren muss, um sich wichtig fühlen zu können. Das ist einfach nicht meine Art.

Und heute bin ich mir da sicherer denn je. Ich brauche es nicht, gefeiert zu werden. Die Bravissimo-Kultur des Virtuosentums, das Anfang des 19. Jahrhunderts mit Beethoven, Paganini und Chopin begann, ist mir zuwider. Denn sie trägt der Tatsache nicht Rechnung, dass Musik im Ensemble immer eine Gemeinschaftsleistung sein muss.

Eines Tages hatte ich ein Engagement als Solist für Mozarts Klarinettenkonzert. Ich reiste bereits einen Tag früher an und bat um eine kurze Probe von zwei Stunden. Der

Dirigent winkte ab: „Oh nein, eine Probe brauchen wir doch wirklich nicht mehr! Wir haben das Stück schon 200-mal gespielt!"

Ich antwortete: „Das mag sein, verehrter Maestro. Aber nicht mit mir!" Es gab ein kurzes Hin und Her, ich spürte seinen wachsenden Unmut – und am Ende gab es keine Probe mehr.

Mir blieb nur eine Möglichkeit, mich beim Konzert mit dem Orchester eins zu machen, unsere Seelen füreinander zu öffnen: Ich legte bei der Aufführung meine ganze Leidenschaft in mein Spiel – und es gelang: Der Funke sprang auf das Orchester über, und das Konzert wurde gut. Doch es kostete mich viel Kraft.

Ich bin Solist. Dennoch bin ich immer eins mit den Partnern, mit denen ich spiele, ich stehe auf derselben Stufe und will auch nichts anderes als das.

Was bringt es mir, wenn man über mich sagen würde: „Er ist ein großer Solist." *Solo* heißt „allein, einsam, lediglich, ausschließlich". Wie traurig wäre das! Ich möchte, dass man über mich sagt: „Er ist ein Mensch." Ein Musiker, ja, meinetwegen auch ein Künstler, aber vor allem ein Mensch, der in Gemeinschaft mit anderen Menschen lebt und arbeitet und hoffentlich etwas dazu beiträgt, die Welt für uns alle schöner zu machen.

8. Die Kraft der Versöhnung

*„Wer sich gemeinsam von Musik berühren lässt,
wird die anderen nicht mehr beschießen,
sondern lieber umarmen wollen."*

Ich bin Musiker geworden, um Menschen mit dem Leben, miteinander und mit sich selbst zu verbinden. Ich wurde ein Musiker, damit mehr Menschen ihre innere Stimme hören, ihre Seele frei und weit werden lassen und neue Hoffnung finden. Genau das ist es, was ich in meiner Seele fühle! Den Klang der Hoffnung. Und der hört sich gut an.

Diese Kraft der Musik, ihren mächtigen Einfluss auf die Menschen, die sie hören, lernte ich mit den Jahren durch das kennen, was mir meine Zuhörer spiegelten.

Einmal sagte ein Mann zu mir: „Vor sechs Jahren habe ich Sie in einem Konzert gehört – wissen Sie, was danach mit mir passiert ist?" Ich schüttelte den Kopf. Wie konnte ich das auch wissen? Er fuhr fort: „Nach Ihrem Konzert habe ich meine alte Klarinette vom Dachboden geholt, die ich zwanzig Jahre lang nicht berührt hatte. Und dann habe ich wieder angefangen zu spielen." Heute, so erzählte er weiter, spielt er mit ein paar alten Freunden in einer Jazzband, die sie gegründet haben: jede Woche – „und es macht unglaublichen Spaß!" Seine Augen strahlten voll Glück bei seiner Erzählung, und ich konnte gar nicht anders, ich musste ihn umarmen.

Eines Tages wurde ich eingeladen, im Gefängnis von Tel Aviv zu spielen. „Lauter schwere Jungs sitzen da ein", wurde ich im Vorfeld gewarnt: „Machen Sie sich auf ein paar finstere Gestalten gefasst!"

Als ich den großen Saal des Gefängnisses betrat, schaute ich mich verwundert um: Wo waren die finsteren Gestalten? Es waren augenscheinlich ganz normale Menschen, die mich dort auf ihren Klappstühlen erwarteten. Wie ich später erfuhr, waren wirklich schlimme Übeltäter dort versammelt. Doch auch diese benahmen sich wie alle anderen Zuhörer. Ganz egal, was sie verbrochen hatten, in diesem Moment, als ich auf die Bühne trat, schienen sie hungrig nach Schönheit, nach Begegnung, vielleicht nach der Stimme ihrer Seele.

Schon nach den ersten Stücken herrschte eine ebenso konzentrierte Stille wie bei den in Meditation wohlgeübten Gurus. In manchen Augen sah ich Tränen. Das Gefühl erfüllte mich, dass der Geist von Humanität und Einheit die Menschen von Stück zu Stück mehr ergriff, ganz egal was sie in der Vergangenheit getan hatten. Sie sangen mit uns, und am Ende des Konzertes wollten der Beifall und die Bravo-Rufe schier kein Ende nehmen. Es war überwältigend. Ihre Dankesrufe begleiteten uns hinaus vor das Gefängnistor.

Oder die etwa 40-jährige Dame, die nach einem Konzert auf mich zukam, an der Hand zog sie ein junges Mädchen hinter sich her, nach dem ersten Blick eindeutig ihre Tochter. Ich kannte beide nicht. Die Frau sagte: „Lieber Giora Feidman, vor sechzehn Jahren war ich mit meinem Mann in ihrem Konzert in Köln. Damals war ich schwanger mit meiner Tochter. Sie hat gestrampelt, wann immer sie Ihre Musik gehört hat – und wurde dann ganz ruhig. Auch nach der Geburt! Ich habe mir viele von Ihren Aufnahmen gekauft und sie immer abgespielt, wenn ich das Kind beruhigen wollte."

Ich freue mich über die Bestätigung der These, dass schon das Baby im Bauch der Mutter auf Musik reagiert. Ich spiele gerne für Schwangere. Sie berichten mir immer wieder davon, dass die Musik bei ihren Kindern deutlich wahrnehmbare Reaktionen auslöst. Sie strampeln ganz leicht, wenn sie die ersten Töne wahrnehmen, werden je nach Rhythmus der Musik ruhiger, ja, man kann das Gefühl haben, dass ein Baby im Bauch der Mutter sogar innehält und aufmerksam lauscht, wenn ihm die Musik gefällt.

Musik kann so viel bewirken! Sie kann die Menschen berühren, sie dazu motivieren, etwas zu ändern oder Verschüttetes wieder hervorzuholen. Und darüber nachzudenken, was sie vielleicht in ihrem Leben Neues machen könnten. Wer sich gemeinsam von Musik berühren lässt, wird die anderen nicht mehr beschießen, sondern lieber umarmen wollen.

Musik ist ein wunderbarer Anfang allen Verstehens. Sich zu verstehen, das Missverständnis zu vermeiden, ist eine erste Voraussetzung für Frieden. Denn wer sich versteht, kann damit beginnen, sich zu vertrauen.

Wie viel Krieg, Leid, Chaos, Verwüstung wir Menschen jeden Tag auf dieser Erde anrichten! Die Nachrichten sind voll davon. Und die Gründe, die zu solchen Gewalttaten führen, sind Neid, Rassismus, Abwertung, Machtgier, Religionskämpfe. Herrgott im Himmel – wie viele Menschen wurden schon angeblich in deinem Namen getötet! Ein weiteres Motiv für die Gewalt, die Menschen sich gegenseitig antun, ist Rache: für erlittene Gebietsverluste, für angebliche Schmach, für Vergehen an Familienmitgliedern, für vermeintliche Beleidigungen.

Ich bin der festen Überzeugung: Was wir am meisten brauchen, um Frieden auf der Welt zu schaffen, ist Vergebung und Versöhnung. Ich weiß wohl, auf welchen Pfad ich mich hier begebe. Denn ich bin Jude. Mein Volk leidet seit Jahrtausenden unter Verfolgung, Hass, Rassismus und Vernichtung. Der technisierte Terror der Nationalsozialisten kostete Millionen Juden das Leben – die vielen anderen Opfer gar nicht eingerechnet. Ein monströses Verbrechen, in seiner Brutalität kaum vorstellbar – ein *Imblich*, wie das auf Jiddisch heißt.

𝄞

Ich stamme aus einer jüdischen Familie, doch ich hatte das Glück, am anderen Ende der Welt aufwachsen zu dürfen; weit entfernt von Holocaust und antisemitischen Verfolgungen.

Den historischen Maßstab darf man nicht außer Acht lassen. Ich wurde im Jahr 1936 geboren. Hitler war auf dem Höhepunkt seiner Popularität. Die Menschen in Deutschland, berauscht von der angeblich wiedergewonnenen Souveränität nach der sogenannten Schmach des Versailler Friedensvertrages, schauten nicht auf die Feindbilder und den Rassenwahn des Nazi-Regimes. Nur wenige wollten sehen, dass Hitlers Politik unausweichlich auf einen Krieg zusteuern musste.

Zwei Jahre nach meiner Geburt brannten in Deutschland die jüdischen Synagogen, wurden Juden auf offener Straße beschimpft, angegriffen und totgeschlagen – und das prophetische Wort des deutschen Dichters und Juden Heinrich Heine wurde wenige Jahre nach der ersten Bücherverbrennung auf grausame Weise wahr: „Wo Bücher brennen, verbrennt man bald auch Menschen!"

Natürlich verfolgten auch unsere Familie, unsere Bekannten und die Menschen in der jüdischen Gemeinde von Buenos Aires mit Entsetzen die Nachrichten aus Hitlerdeutschland. Den Überfall auf Polen, die Deportation der deutschen Juden in Lager, dann die immer mehr durchsickernden Schreckensszenarien von der organisierten Vernichtung von Menschen in Todeslagern.

Ich war neun Jahre alt, als uns die erlösende Nachricht vom Kriegsende in Europa erreichte – damit aber auch immer neue verstörende Fakten über das, was die Nazis ihren Opfern in Auschwitz, Treblinka oder Bergen-Belsen angetan hatten.

Mein Bild von Deutschland war durch die Diskussionen in unserer Familie geprägt. Nein, es waren nicht Hass und Rachegedanken, die die Einstellung meiner Eltern gegenüber Deutschland bestimmten. Es war vielmehr blankes Entsetzen, das ich wahrnahm: Wie konnte das geschehen? Das Volk Goethes und Schillers, Bachs und Beethovens begrub seine Kultur unter Bergen von Ermordeten, unschuldigen Opfern, Männern, Frauen und Kindern? Wie war so etwas möglich?

Ja, auch ich war entsetzt, empört über die Deutschen. Und nahm mir vor, niemals in meinem Leben in dieses Land zu reisen. Es war einfach zu schrecklich, was da geschehen war.

Aber auch das, was ich nach 1948 über den Krieg der Araber und Israelis mitbekam, war grausam: Terror, Gewalt gegen Unschuldige, Frauen und Kinder als Opfer –

der Gedanke an die sich immer weiterdrehende Spirale von Hass und Gewalt in Palästina beschäftigte mich schon in der Phase meines politischen Erwachens. Und ich wünschte mir, dass es irgendwann eine Lösung des Konfliktes jenseits von Mord und Totschlag geben würde. Dieser Wunsch ist bis heute nicht in Erfüllung gegangen, wir alle wissen es.

Die Geschichte der Menschheit ist seit Anbeginn eine Anhäufung von Intrigen, Verfolgungen, Völkermorden, Kriegen und sonstigen unappetitlichen Ereignissen, deren grausamen Gipfel der Holocaust darstellt. Und dennoch glaube ich daran, dass Gewalt und Hass überwunden werden können, wenn die Menschen es nur wollen.

Hat nicht auch Anne Frank im Angesicht ihrer Verfolger in ihr Tagebuch geschrieben: „Ich glaube an das Gute im Menschen!"? Wenn ein kleines jüdisches Mädchen so dachte, das im Konzentrationslager getötet wurde – soll dann ein alter jüdischer Musiker heute nicht dieselbe Hoffnung haben? Es war Martin Luther, der angesichts von Dummheit, Religionszwistigkeiten und Gewalt schrieb, dass er heute noch ein Apfelbäumchen pflanzen würde – selbst wenn er wüsste, dass morgen die Welt unterginge! Und es war der Visionär Mahatma Gandhi, der mit seinem anfangs verlachten und verspotteten Weg der Gewaltlosigkeit die offizielle Politik von Diskriminierung und Unterdrückung in Indien entthronte und ein ganzes Volk damit in die Freiheit führte.

Die Menschen, die die Stimme ihrer Seele noch hören und verstehen können, müssen sie erheben. Denn sie ist ein Gegenentwurf zu Gewalt und Hass.

Nein, ich will nicht aufhören, daran zu glauben, dass Versöhnung möglich ist – nicht nur zwischen Menschen, sondern auch zwischen politischen Gegnern, ja ganzen Völkern. Wir Menschen können die Welt besser machen, Stück für Stück. Und ich sehe es als meine Aufgabe, durch meine Musik ein Samenkorn der Hoffnung auf Frieden und Verständnis in ihre Herzen zu setzen.

𝄞

Zu Recht werden Sie sich fragen: Ist der Feidman nicht ein bisschen sehr naiv? Ein *Schmock*, wie man auf Jiddisch zu so jemandem sagt?

Mag sein – aber ich glaube nun mal immer noch und immer mehr an die alles überwindende Kraft der Musik. Sie hat die Fähigkeit, tief an die Seele der Menschen zu rühren und Menschlichkeit, Frieden und den Wunsch nach Einheit in ihnen wieder zu neuem Leben zu erwecken.

Je länger ich Musik machte, je mehr Kulturen ich kennenlernte, je mehr Menschen aus allen Kontinenten ich begegnete, je mehr Konzerte ich erlebte, desto weiter wurde mein Herz, desto toleranter meine Gedanken und desto hoffnungsvoller meine Seele. Musik kennt keine Rasse und keine Religion. Ich spiele muslimische Gebete, jüdischen Klezmer, ein katholisches Ave-Maria und Kirchenmusik des protestantischen Johann Sebastian Bach. Und dann sage ich zu meinem Publikum: „Das, was Sie gerade gehört haben, ist nicht muslimisch, nicht jüdisch, nicht katholisch oder protestantisch – sondern schlicht Musik."

Es ist eines meiner Ziele, Grenzen zu überwinden, gerade mit den Möglichkeiten der Musik. Musik zeigt uns: Es gibt nur ein Land auf der Welt. Und eine Familie, die menschliche Familie. Jedes ihrer Mitglieder, von Japan bis nach England, von Südamerika bis Australien, spricht die Sprache der Musik.

𝄞

Ich bin zwar ein hoffnungslos-hoffnungsvoller Optimist, aber kein blauäugiger Spinner. Die Versöhnung zwischen Juden und Deutschen, zwischen Opfern und Tätern, ist ein heikler, schmerzhafter, langwieriger Prozess. Und ich habe das Glück, durch die Musik einen Beitrag leisten zu dürfen in diesem Heilungsprozess.

Vergeben heißt nicht vergessen. Der Holocaust darf niemals vergessen werden. Zu grauenvoll, zu monströs sind die Taten, die im Akt brutalen Vernichtungswillens verübt worden sind. Nicht nur an Juden, sondern auch an Sinti und Roma, Homosexuellen, politischen Gegnern, Behinderten und auch Christen, die sich gegen das System stellten. Sie alle wurden von den Nationalsozialisten unter Missachtung jeglicher Menschlichkeit gefoltert, ermordet, vernichtet. Und das darf niemals vergessen werden.

Als Musiker habe ich noch lebhaft in Erinnerung, wie schwer wir uns in der Nachkriegszeit in Israel mit den Werken von Komponisten taten, die ausgesprochene Antisemiten waren. So gab es im *Israel Philharmonic Orchestra* eine Absprache, nach der Reichspogromnacht im November 1938 keine Musik von Richard Wagner mehr zu spielen. Wagner war nicht nur ein schlimmer Judenhasser, sondern zudem auch noch ein schauerlicher Dichter – wie heute noch die Inschrift an seinem Haus mit dem bezeichnenden Namen „Wahnfried" in Bayreuth bezeugt. Doch auch wenn seine Libretti gewöhnungsbedürftig getextet sind – ist seine Musik antisemitisch? Kann Musik überhaupt in sich politisch sein?

Zubin Mehta hat einmal gesagt: „Man muss dem lieben Gott dafür danken, dass Richard Wagner keinen *Gefillte Fisch* mochte. Sonst könnten wir das heute in Israel auch nicht mehr essen!"

Auch ich habe mich daran gehalten, in Israel keine Musik von Wagner zu spielen. Ich werde es überall auf der Welt genauso halten, wenn ich nur ahne oder erfahre, dass im Publikum ein Mensch sitzt, der eine eintätowierte Nummer aus einem KZ an seinem Handgelenk trägt.

Auf der anderen Seite sollten wir uns als aufgeklärte Menschen darüber klar sein, dass Musik keine Antisemiten produziert. Wenn ich vor Eskimos Wagner spielen würde, würden sie aller Voraussicht nach nicht danach hingehen und Juden jagen. Ich verstehe die persönliche Abneigung vor dem Hetzer Wagner. Aber sollte man deswegen seine Musik grundsätzlich hassen?

Auch Martin Luther hat erschreckende antisemitische Äußerungen von sich gegeben. Wenn man grundsätzlich alle Dinge, die jemand im Lauf seines Lebens getan oder gesagt hat, wegen solcher Aussagen ablehnte, müssten wir auch die Reformation, ja den gesamten Protestantismus von uns weisen. Doch mir scheint, damit würden wir das Kind mit dem Bade ausschütten.

In den Sechzigerjahren reiste das *Israel Philharmonic Orchestra* zum ersten Mal nach Deutschland. Manche Kollegen kamen nicht mit. Wir anderen akzeptierten das – zumal auch Rubinstein nach dem Ende des Krieges niemals mehr nach Deutschland wollte. Ich verstehe und akzeptiere das. Doch kann und sollte man diesen Ausnahmezustand dauerhaft aufrechterhalten? Die Geschichte besteht nicht in der Erstarrung vor dem Grauen. Sondern in der Frage: Was können wir als Menschen tun, um aus dem Grauen zu lernen? Und es in Zukunft besser zu machen?

Diese Frage beschäftigte mich seit diesem ersten Besuch in Deutschland. Ich habe wunderbare Menschen in diesem Land kennengelernt – darunter viele, die der Wahnsinn des Nazi-Regimes zutiefst erschüttert und geprägt hat. Manche von ihnen fragten sich, auch mir gegenüber: „Warum bin ich damals nicht aufgestanden und habe mich dagegengewendet, so wie Sophie und Hans Scholl?"

Was ich in vielen Gesprächen spürte, war Scham. Die Unfähigkeit, überhaupt nachvollziehen zu können, wie es in diesem Ausmaß zu der Nazi-Barbarei kommen konnte. Und bei vielen Menschen, selbst bei denen, die wie ich bei Kriegsende noch Kinder gewesen waren, das Bewusstsein von Scham und Schuld, die Deutschland auf sich geladen hatte.

Es kommt mir so vor, als ob viele, auch jüngere deutsche Menschen etwas mit sich herumschleppen, eine Schuld, mit der sie eigentlich persönlich nichts zu tun haben. Und gerade die jungen Menschen muss man von dieser Last freisprechen.

Gerade im Zusammenspiel der verschiedenen Persönlichkeiten in einem Orchester habe ich immer wieder vor Augen geführt bekommen, wie wichtig es ist, sich gegenseitig zu vergeben. In einem Zustand von dauerhaftem Groll, Schuldzuweisungen und Unversöhnlichkeit kann man niemals harmonisch zusammen Musik machen. Wir haben gesehen, wie unerlässlich es ist, die Vergangenheit zu überwinden, wenn man eine Gegenwart haben will. Und so scheint es mir auch überall sonst im Leben zu sein.

Es ist an der Zeit, die Nachgeborenen aus der Erstarrung, aus Entsetzen, Hilflosigkeit und Entfremdung von ihrem Land zu erlösen – aber nicht aus der Verantwortung, sich zu erinnern, was Dummheit, Unmenschlichkeit und Brutalität Furchtbares anrichten können. Vielleicht können gerade die jüngeren Deutschen die besten Botschafter dafür sein, dass sich so etwas niemals wiederholen kann.

Deswegen fahre ich immer wieder mit Jugendgruppen zusammen nach Auschwitz und spiele auch dort jüdische Musik. Auf den Hinweistafeln dort findet sich ein Satz, der in meinen Ohren fatal klingt. Überall ist zu lesen: „Die Deutschen haben Millionen Menschen umgebracht", „Die Deutschen haben ..." und wieder „Die Deutschen haben ..."

Es waren die Nazis unter den Deutschen, die hier Millionen Menschen gefoltert und umgebracht haben. Man kann deswegen aber nicht die Kollektivschuld über ein ganzes Volk verhängen, das einen furchtbaren Irrweg beschritten hat – und erst recht nicht über die Generationen, die nach dieser Zeit geboren sind.

Es waren nicht Menschen, die heute 50 Jahre alt sind, die an der Rampe von Auschwitz die Opfer für die Gaskammern selektiert haben. Ich will nicht meine Hand ins Feuer dafür legen, das sich heute nicht wieder einige Zeitgenossen für eine solche Aufgabe finden lassen würden – aber Barbaren finden sich auf der ganzen Welt. Dummheit und Brutalität sind nicht Merkmal eines einzigen Volkes.

Es gab ja auch Menschen wie Hans und Sophie Scholl, Dietrich Bonhoeffer, Oskar Schindler oder Berthold Beitz, die als Deutsche Widerstand gegen die Machenschaften der Nazis leisteten oder Tausenden von jüdischen Menschen halfen, der Vernichtung durch die Nazis zu entkommen. Diese Beispiele geben mir den Mut, an das Gute im Menschen zu glauben. Als Gerechte unter den Völkern in Israel ausgezeichnet, repräsentieren sie die andere Seite der Deutschen. Wir sollten es nicht vergessen: Die meisten von ihnen bezahlten diesen Einsatz mit ihrem Leben.

Ich habe in aller Bescheidenheit das Gefühl, Gott legte die Aufgabe in meinen Lebensweg, bei der Versöhnung mitzuhelfen. Der Austausch der Orchester zwischen den Ländern ermöglichte die ersten Schritte aus den erstarrten Fronten. Hinzu kam der kulturelle Austausch von Künstlern aus beiden Ländern, sei es in Israel, sei es in Deutschland. Die Wiederentdeckung des Klezmer als jüdische Volksmusik fand auch in Deutschland viele Freunde.

Meine Zusammenarbeit mit den Filmemachern in der Kinoproduktion „Schindlers Liste" gab mir die Möglichkeit, historische Begebenheiten mit musikalischer Emotion für ein Millionenpublikum zu verknüpfen – und das Ergebnis brachte geschichtliches Verstehen mit tiefem Mitgefühl zusammen, auch und gerade in Deutschland. Es ist ein Film über Rettung. Ich fragte mich später: Warum soll mich Gott ausgerechnet dazu geführt haben, in diesem Film zu spielen? In einem Film, der einen Deutschen zeigt, der Juden rettet? Ich ahnte, warum: weil es ihm immer um Versöhnung geht. Und um Hoffnung.

Eine besondere Rolle im Versöhnungsprozess spielte auch meine Zusammenarbeit mit Peter Zadek in dem Theaterstück „Ghetto". Ein Freund von ihm brachte ihm eines Tages eine Aufnahme von einem meiner Konzerte. Zadek sagte nach dem Anhören: „Den brauche ich – und zwar sofort!" Das Problem war, dass das Libretto des Stücks eigentlich nicht für Klarinette geschrieben war.

Der „Zufall" wollte es, dass ich zu der Zeit in Holland unterwegs war. Zadek sandte einen Mitarbeiter persönlich bei mir vorbei und lud mich umgehend nach München ein. Sie reservierten mir ein Zimmer in einem hübschen Hotel. Dann ging es gleich weiter – „zur Probe", wie mir versichert wurde. Wir fuhren in ein Privathaus, und ich war geschockt: Denn was ich vorfand, war keine Probe, sondern eine rauschende Party. Der Alkohol floss in Strömen, und viele Besucher waren schon ausgesprochen angeheitert. Ich kam mir ein bisschen einsam vor inmitten dieses Pulks von fröhlichen Feiernden. Dann steuerte einer der Gäste auf mich zu und fragte: „Hast du Lust, uns etwas vorzuspielen, Giora?"

Ich packte meine Klarinette aus und begann zu spielen. Und plötzlich begannen alle zu tanzen. Alle, die betrunken waren, wurden wieder hellwach. Und ich hörte, wie einer der Verantwortlichen einem anderen zuraunte: „Gib ihm einen Vertrag. Sofort!"

Irgendwann in dieser Nacht brachten sie mich und meine Klarinette wieder wohlbehalten ins Hotel zurück. Ich hatte ein Glas Wein getrunken und fühlte mich gut. Auch am nächsten Morgen – was der Unterschied gewesen sein dürfte zwischen mir und den meisten Partygästen.

Was dann folgte, war eine wunderbare Zusammenarbeit. Wenn es eines weiteren Anlasses bedurft hätte, um die Versöhnung voranzutreiben, dann dieses Anlasses. Die 160 Aufführungen als Klarinettist in „Ghetto" waren die Krönung meiner persönlichen Geschichte der Holocaust-Bewältigung in Deutschland. Das Theaterstück führte uns durch ganz Europa, ja sogar bis nach Kalifornien.

Bis heute bin ich dankbar für diese Aufgabe, die mich noch enger als zuvor mit Deutschland zusammenwachsen ließ. Es folgten viele weitere Projekte wie etwa mein Engagement bei den „Rattenfängern von Hameln". Und schließlich durfte ich auch mit meiner Enkeltochter zusammen hier spielen. Ich begann also in Deutschland damals nicht nur etwas, sondern ich setze es auch bis heute fort. Und meine Enkeltochter übrigens auch.

Nach meiner Ansicht ist 75 Jahre nach Kriegsende der Prozess der Aussöhnung zwischen Israel und Deutschland erfolgreich verlaufen. Sicherlich auch aus einem biologischen Grund: Von den Menschen, die für die Verbrechen des Nazi-Regimes persönlich verantwortlich sind, leben nur noch eine Handvoll. Die Generationen, die nach ihnen gekommen sind, haben Verantwortung übernommen, indem sie sich für Versöhnung eingesetzt haben – in Israel wie in Deutschland.

Die heutige Beziehung zwischen Juden und Deutschen ist für mich eines der größten Wunder und ein leuchtendes Beispiel für eine positive Entwicklung der Beziehung zwischen Nationen auf diesem Planeten. Ein wunderbares Phänomen, an dem ich teilhaben will. Doch das sollte eigentlich nichts so Außergewöhnliches sein, weil wir Menschen doch eigentlich alle in Frieden leben wollen.

Natürlich bin ich kein naiver *Schmock*. Ich lese Zeitung, schaue Nachrichten, spreche mit vielen Menschen. Und ich weiß, dass gerade in manchen Teilen Deutschlands der Antisemitismus wieder bedenklichen Zulauf bekommt. Aber es gibt zwei Dinge, die mir dennoch Hoffnung machen: Wenn wir heute über Antisemitismus in Deutschland sprechen, dann dürfen wir nicht übersehen, dass es auch in anderen Staaten dieser Welt von Dummheit und Geschichtslosigkeit geprägte Menschen gibt. Und dass der Großteil der Deutschen beides nicht ist, eben weil Deutschland so viel Wert auf Aufklärung und Vergangenheitsbewältigung legt.

Zudem verfügt Deutschland über eine stabile Demokratie, ein ausgezeichnetes Bildungssystem und eine soziale Marktwirtschaft, die bestrebt ist, erneute gesellschaftliche Verwerfungen wie nach dem Ersten Weltkrieg zu verhindern – die ja, das darf man nicht vergessen, einen entscheidenden Anteil am Aufstieg Hitlers am Ende der Weimarer Republik hatten.

Ich habe Vertrauen in die Versöhnung. Und in die gegenseitige Wertschätzung der Völker. Was mit Vergebung beginnt, führt zur Versöhnung – und damit letztlich zu einer dauerhaften Freundschaft. Die einstigen Erbfeinde Frankreich und Deutschland haben uns das vorgemacht. Deutschland und Polen sind aktuellen Hindernissen zum Trotz auf einem guten Weg. Und Deutschland und Israel haben allen Besonderheiten ihrer Beziehung zum Trotz Außergewöhnliches geleistet.

Ich lebe seit vielen Jahrzehnten in Israel. Ich träume davon und bete dafür, dass eines Tages auch für Israelis und

Palästinenser dieser Weg der Versöhnung und der Brüderlichkeit möglich werden wird.

Seit vielen Jahren schon spiele ich mit arabischen und palästinensischen Kollegen – allerdings meist außerhalb von Israel. Einige meiner engsten Freunde sind Palästinenser. Heute ist auch in unserem Land die neue Generation da. Was zwischen Deutschland und Israel möglich war – es wäre wundervoll, wenn es auch in meinem Heimatland möglich wäre.

Es war nicht immer einfach, einen Beitrag dazu zu leisten. Im Rahmen der Begegnungen, die ich für die Aussöhnung organisierte, lud ich vor vielen Jahrzehnten ein deutsches Jugendorchester zu einem Klezmer-Festival nach Israel ein. Ich fragte mich vor dem Konzert: Wie würden die Menschen in Israel, gerade die älteren, reagieren? Wie würden sie auf den Besuch aus dem Land der Täter reagieren, das Deutschland für viele immer noch ist? Was sie sagten, verwunderte und erfreute mich: „Sie spielen gut. Das ist toll! Und sie spielen jüdische Musik!"

Danach ging das Experiment weiter. Ich trat mit den deutschen Jugendlichen zusammen vor Überlebenden aus den Konzentrationslagern auf. Die jungen Deutschen spielten vor ihnen mit aller Leidenschaft – und plötzlich begannen die alten Menschen mitzusingen. Diese Menschen, denen durch die Großeltern dieser Jugendlichen so viel Leid angetan worden war, sangen mit!

An diesem Abend habe ich vor Glück geweint. Es war ein Gefühl, als wenn ich die erste Kerze an einem Leuchter angesteckt hätte.

Ich kann mich übrigens an keinen einzigen Augenblick entsinnen, an dem ich in Israel für meinen Einsatz zur Versöhnung mit Deutschland getadelt wurde. In den USA fragte mich einmal jemand: „Warum macht ihr es den Deutschen so einfach mit der Versöhnung?" Ich antwortete damals: „Warum sollte man es ihnen schwerer machen, als es ohnehin schon ist?" Nur in Deutschland selbst war es nicht immer einfach. Einmal erhielt ich einen Brief. Er war mit Hakenkreuzen verziert. Darin stand Abscheuliches zu lesen.

Was soll man machen? Einfach weiter!

9. Das Glück des Augenblicks

*„Den Zauber des Augenblicks,
den gibt es jeden Tag für jeden Menschen.
Man muss ihn nur zulassen können."*

So unterschiedlich die Menschen auf der Welt auch sind, eines wollen sie doch alle: glücklich sein. Doch was bedeutet das, ein glückliches Leben?

In den westlichen Ländern meint man, ein recht einfaches Rezept dafür gefunden zu haben: Wenn jemand erfolgreich im Beruf ist, genug Geld hat, ein Haus und einen passablen Ehepartner, dann hat er auch gefälligst glücklich zu sein, denn alle Voraussetzungen dafür sind doch gegeben.

Natürlich wissen wir alle, dass die Rechnung so nicht funktioniert – und leben dennoch immer weiter so, als wäre das Glück eine Frage von Haben und nicht von Sein.

Wie absurd das werden kann, zeigte mir ein Gespräch mit einem Geschäftsmann an einem Montagmittag. Nachdem wir unsere Sachfragen besprochen hatten, seufzte er „Noch vier Tage und der Rest von heute, dann bin ich wieder ein Mensch!" Ich fragte irritiert nach, was er meinte. „Na, heute ist Montag, und ich muss Business machen. Aber in viereinhalb Tagen ist wieder Wochenende, und dann kann ich endlich wieder leben."

Ich war erschüttert. Der Mann brachte also zwei Drittel seiner Lebenszeit damit zu, nicht zu leben und kein Mensch zu sein – um Geld zu verdienen, damit er sein

Leben finanzieren kann, das aber den größten Teil der Zeit keines ist? Das klang ja grauenvoll, richtiggehend menschenunwürdig! Und das sagt mir ein erwachsener, erfolgreicher Mensch so ganz nebenbei am Telefon! Wenn es, wie der deutsche Philosoph Adorno feststellt, kein richtiges Leben im falschen gibt, dann lebt dieser Mann kein richtiges Leben. Mir wurde in diesem Gespräch brutal klar, wie wenig Glück von materiellen Werten abhängt.

Den krassen Gegenentwurf kennen wir alle: In den Slums von Kalkutta arbeitet bis heute der Orden, in dem Mutter Teresa bis zu ihrem Tod 1997 wirkte. Für sie bedeutete ein glückliches Leben nichts anderes, als den Ärmsten der Gesellschaft zu dienen. „Lass nie zu, dass du jemandem begegnest, der nicht nach der Begegnung mit dir glücklicher ist", war ihr Credo. Sie selbst besaß nichts und gab alles, was sie mit ihrem Engagement sammelte, an die Armen weiter. Und sie wirkte sehr glücklich dabei.

Doch es ist natürlich auch klar, dass die meisten von uns weder dem einen noch dem anderen Extrem angehören, sondern irgendwo dazwischen versuchen, ihr persönliches Glück zu finden. Und doch scheint es so selten zu gelingen. Woran liegt das?

Vielleicht ist die Welt zu komplex, zu vielschichtig geworden, sodass uns die Fähigkeit abhandengekommen ist, überhaupt noch Schritt zu halten. Technik macht unser Leben immer schneller. Wir müssen jeden Tag kommunizieren, reagieren, uns ständig aktiv zeigen, ohne darauf zu achten, was diese Anforderung mit uns macht. Was passiert dabei aber mit unserer Seele?

Angerührt hat mich eine Geschichte über einen Indianerhäuptling, der im Wilden Westen zum ersten Mal mit einer Lokomotive, dem „Dampfross", fuhr und eine Geschwindigkeit erreichte, bei der kein Pferd mehr mithalten konnte. Nach einer Viertelstunde bat er den Schaffner, den Zug anzuhalten. „Aber warum denn?", fragte ihn der Schaffner. „Weil ich aussteigen muss", sagte der Häuptling. „Ich muss warten, bis meine Seele nachgekommen ist." Ich glaube, darin steckt viel Weisheit.

Ein Beispiel ist für mich das Mobiltelefon mit seinen unendlichen Möglichkeiten, den Nutzer mit der ganzen Welt und mit allen erdenklichen Daten zu verbinden. Nun gut, ich bin ein alter Mann und nicht mit allen technisch möglichen Spielereien vertraut. Aber darum geht es auch nicht.

Beispielsweise fliegt man vom Flughafen Frankfurt nach Tel Aviv in dreieinhalb Stunden. Am Gate stehen jedes Mal, wenn ich fliege, Menschen in teuren Anzügen, die sich mit ihrem Handy beschäftigen. Was, frage ich mich dann, könnte man in dieser Zeit nicht alles für großartige Sachen machen: sich zurücklehnen, über das eigene Leben träumen. Einen interessanten Menschen neben sich ansprechen und in einen Gedankenaustausch mit ihm eintreten. In einem Buch schmökern, sei es ein Krimi von Agatha Christie oder die Bibel. Ja, selbst Schlafen wäre produktiver und vor allem erholsamer! Doch nichts von alledem. Die grauen Herren in ihren feinen Anzügen hören bloß auf, ihr Telefon zu bearbeiten, wenn es im Flugzeug etwas zu essen gibt.

Wenn man sie fragen würde, warum sie das tun, kann man sich die Antworten lebhaft vorstellen: „Ich muss gerade ein wichtiges Geschäft abschließen!", würde es dann heißen. Oder: „Ich will in meinem Computerspiel auf ein neues Level kommen!" Oder aber auch: „Ich muss die Zeit totschlagen, und deshalb spiele ich einfach auf dem Ding da herum!"

„Zeit totschlagen!" Was ist das für ein schrecklicher Ausdruck für einen denkenden, fühlenden Menschen! Zeit ist nichts, was wir „totschlagen" und irgendwie rumbringen müssen, sondern unser kostbarstes Gut auf Erden, und wir können sie nur in der Gegenwart leben. Das Problem ist, das die meisten Menschen den Zauber des Hier und Jetzt, jedes einzigartigen Momentes, den ihnen ihr Leben bietet, nicht einmal erkennen, wenn er vor ihnen liegt. Das hat damit zu tun, das sehr ernsthafte Menschen ihr Leben und damit das Glück gerne auf morgen verschieben, am besten gleich bis auf die Pension.

Haben Sie diese Sätze auch schon einmal gehört? Oder gar selbst ausgesprochen? „Sobald ich dieses Projekt abgeschlossen habe, werde ich wieder mehr mit meinen Kindern spielen – versprochen!" Oder: „Wenn ich erst einmal die neue Stelle habe, wird alles besser." „Nur noch drei Wochen bis zum Urlaub – da lasse ich es mir gut gehen."

Die Erfüllung von Hoffnungen und Wünschen in die Zukunft zu verschieben macht keinen Sinn. Dies ist die Wurst am Stöckchen, die sich viele Leute selbst vor die Nase halten und vergessen, dass es doch viel schöner wäre, die Wurst jetzt im Mund zu haben und saftig zuzubeißen.

Aber Glück kann man nicht verschieben. Ich glaube, das ist der Kern des Problems, weshalb Menschen nicht glücklich sind, obwohl sie materiell alles haben, was sie brauchen. Doch sie warten auf etwas, was irgendwie, irgendwann in der Zukunft eintreten und sie noch glücklicher machen soll als das, was sie ja jetzt schon in Händen halten.

Es gibt einen Unterschied zwischen Zukunftsorientierung und Hoffnung. Und der lautet: Hoffnung ist jetzt!

Heute ist morgen schon gestern. In diesem Moment, in dem Sie diese Zeilen lesen, erfahren Sie das Geheimnis des Glücks: Das Leben findet jetzt, in diesem Augenblick, statt. Jetzt. Die Zukunft, die kommt erst noch. Nur weiß leider kein Mensch, was sie bringen wird. Was in einer Stunde geschehen wird, niemand kann das wissen!

Das Glücklichsein auf morgen zu vertagen ist das Schlimmste, was wir uns antun können. Das Einzige, was wir wirklich haben, ist der Augenblick, in dem wir gerade leben. Und für diese Erkenntnis hatte ich den überzeugendsten Lehrmeister der Welt: die Musik.

Ich spiele nicht für die Zukunft. Ich spiele für diesen einen Augenblick jetzt. Die Musik ist dann, wenn sie gespielt wird. Jetzt. Sie lebt in diesem Augenblick, in dem jemand sie hört.

Jedes Mal, wenn ich die Klarinette an meine Lippen setze, halte ich den Zug an wie der Indianerhäuptling in der Geschichte, und meine Seele holt mich ein. Ich höre und spüre sie, ich bin ganz in der Gegenwart. Und ich bin glücklich.

Um das Glück des Augenblicks zu verstehen, muss man vielleicht erst etwas älter sein. Ich jedenfalls war mit 30 noch nicht so weit. Das Bewusstsein dafür scheint mit dem Alter zu wachsen.

Der deutsche Schriftsteller Heinrich Böll hat vor vielen Jahren einmal den wunderbaren Satz geschrieben: „Ich bin ein Clown und sammle Augenblicke!" Was in Bölls Buch „Ansichten eines Clowns" die Aussage einer tragischen Gestalt ist, ist eigentlich ein Rezept für das Leben in der Gegenwart: Auch ich sammle Augenblicke. Jeder Musiker tut das, jeder Musiker lebt für den Augenblick, in dem mehr passiert als nur die Wiedergabe von Noten, in dem man ein Stück Unendlichkeit fühlt.

Ich weiß, ich habe ungeheures Glück. Die Klarinette in die Hand zu nehmen und zu spielen ist für mich keine Arbeit, sondern meine tiefste Bestimmung. Doch die Fähigkeit, die vielen kleinen Glücksmomente wahrzunehmen, die jeder Tag für jeden von uns bereithält, haben wir ja alle, ob Musiker oder nicht – wenn wir denn nur willens sind, sie zu sehen.

Ein großer Glücksbotschafter ist der Humor. Wer könnte glücklich sein ohne Lachen?

Jüdische Witze sind eine ganz spezielle Art von Witzen, kleinen Erzählungen, Anekdoten, skurrilen Sketchen, die manchmal unglaublich, manchmal surreal und manchmal bitter enden – aber stets ein hohes Maß an Weisheit in sich tragen. Als Musiker liebe ich natürlich Musiker-Witze. Wie den hier: Treffen sich zwei Juden. Fragt der eine den anderen: „Spielst du eigentlich Klavier?" Sagt der andere: „Ich weiß nicht." Fragt der erste erstaunt: „Du weißt es nicht? Warum weißt du es nicht?" „Ganz einfach", antwortet da der andere, „ich habe es noch nie probiert!"

Über Witze zu lachen kann unser Wohlbefinden verbessern, das Zwerchfell trainieren, das Gefühl von Glück befördern. Der Humor, der in ihnen steckt, ist eine wichtige Triebfeder des Lebens. Wenn der Mensch die Kraft des Humors nicht mehr nutzen kann, dann ist er beinahe schon tot.

Meinen Sinn für Humor habe ich von meinem Vater geerbt oder vielleicht hat er mich damit angesteckt. Wie auch immer, jedenfalls hat er mich mit der Fähigkeit beschenkt, die humorigen Seiten in beinahe jeder Situation zu sehen – zum Beispiel, wenn eine Mutter mit Kind während eines Konzerts aufsteht und in Richtung Toilette läuft. Rasch die Melodie von „Hänschen klein" in den gerade improvisierten Klezmer eingewebt, wird die Störung zum fröhlichen Genussmoment – das Publikum bedankt sich mit freundlichem Lachen.

All zuviel Pathos hat mir zu viel Schwere, die ich gern mit ein wenig Leichtigkeit auflockere. Eine Dame kam nach einem Konzert tränenüberströmt zu mir und wiederholte immer wieder den Satz: „Oh, Maestro, während Ihres Spiels musste ich so sehr weinen!" Schließlich wurde mir das alles ein bisschen peinlich, und ich gab augenzwinkernd zurück: „Aber Madame, wenn Sie so sehr weinen mussten – habe ich denn wirklich heute Abend so schlecht gespielt?"

Ja, Humor ist manchmal paradox, schwer verständlich, gewöhnungsbedürftig. Aber er hilft uns, auch mit ungewöhnlichen Situationen im Leben umzugehen – und sie leichter zu ertragen. Manchmal ist uns allerdings nicht nach Lachen zumute, der Humor ist unter Alltagsproblemen und Schicksalsschlägen begraben worden. Doch gerade im Angesicht schwerer Zeiten kann Humor die entscheidende Kraft zum Neuanfang geben.

Vielleicht kennen Sie die berühmte Szene aus dem Film „Alexis Sorbas": Als alles Geld, das Sorbas und sein Partner in eine Kohlenmine investiert haben, sich beim ersten

Transportversuch einer Seilbahn mitsamt dieser Bahn in Schall und Rauch auflöst, bricht sein Partner in Tränen aus. Alexis Sorbas jedoch fängt schallend an zu lachen und zu tanzen. Der Partner ruft wütend. „Sorbas, unsere ganze Unternehmung liegt in Schutt und Asche – und du lachst und tanzt?!" „Ja!", ruft Sorbas. „Denn, mein Freund: Hast du jemals etwas so schön zusammenkrachen sehen?"

Lachen ist eine Urgewalt, eine Freudenquelle, die jeder Mensch schon von Geburt an in sich trägt. Wir hören nur irgendwann damit auf, uns über die kleinsten Anlässe zu freuen. Schauen Sie nur kleine Babys an, wenn sie über die Grimassen ihres Papas lachen – die reinste Verkörperung von Freude und Genuss des Augenblicks, die es gibt. Und so ansteckend! Ich empfehle Menschen, die ihr Lachen verloren haben, mit Babys zu spielen.

Kindliche Fragelust, Neugier, Lust an der Anarchie. Das alles hilft, das Leben leichter zu führen. Ich versuche oft, zu spielen wie ein Kind. Die Musik immer neu zu entdecken, als hätte ich dieses Lied, diese Symphonie noch nie gespielt. Wenn das gar nicht gelingen will, hilft es, ein Instrument zu wählen, das man gar nicht spielen kann, um zur kindlichen Unschuld zurückzufinden.

Am schönsten wäre es, wir blieben ewig Kinder! Das würde die Seele leichter machen.

𝄞

Die meisten Menschen würden wohl auf die Frage, was sie glücklich macht, einen großen Faktor nennen: Liebe. Liebe für sich selbst und für andere Menschen zu empfinden und auszuleben, das ist es, was uns ausmacht. Und der beste Lehrmeister dabei ist wie so oft die Kunst.

Denn nur die Art von Liebe macht glücklich, die sich verschenkt und das Wohl der anderen im Sinn hat. Wer Musik, Malerei oder Tanz beherrschen, besitzen oder gar bezwingen will, dem werden sie sich nie ganz erschließen. Man kann sich der Kunst nur über die Seele, das Gefühl annähern, muss sie umwerben, sich selbst hintanstellen und ihr möglichst zum Besten dienen wollen. Erst dann entfaltet sie ihre ganze Schönheit und beginnt zu strahlen.

Eigentlich genauso wie bei der Liebe zwischen Mann und Frau – wenn man den Unterschied zwischen Begehren und Liebe verstanden hat. Oder beim Tanzen: Ein guter Tänzer führt seine Tanzpartnerin, ja, aber nicht um sie zu dominieren und ihr zu „zeigen, wo es langgeht", sondern um sie in ihrer Schönheit und Grazie zu präsentieren und sie zum Strahlen zu bringen – und er selbst tritt dabei ganz in den Hintergrund.

Ich halte mit meiner Klarinette Liebe in der Hand. Meine Rolle ist es, als Musiker Menschen Freude und einen Moment der Ruhe für ihre Seelen zu schenken. Ich glaube, es ist besser, den Leuten Musik zu geben statt Valium. Einer der Beweise dafür, dass das funktioniert, ist die Tatsache, dass auch bei 2 000 Menschen im Publikum bei einem Konzert größere Ruhe herrscht als auf einem Friedhof. Ich fliege, ich bade in einem Swimmingpool der Ruhe, und das ist auch der Augenblick, in dem die Verbindung zur Seele auch für mich besonders fühlbar wird. Spannungen lösen sich, alles in mir öffnet sich weit.

Das kann auch manchmal auf kuriose Weise geschehen: In der Pause eines Konzertes ging ich zur Toilette. Ein Mann neben mir erleichterte sich ebenfalls – und summte dabei eine Melodie, die er gerade im Konzert von mir gehört hatte. Wenn das keine entspannende Wirkung ist!

𝄞

Musik kann so vieles bewirken. Sie kann zu Tränen rühren, Freude und Glück schenken, einen in andere Welten entführen, und sie kann scheinbar unüberwindliche Gegensätze zur Nichtigkeit zusammenschrumpfen lassen.

Ich spielte eines Tages in Israel für zwei Politiker, Schamir und Perez. Einer rechts, einer links. Beide waren erbitterte politische Gegner. Doch während ich spielte, sangen sie dasselbe Lied miteinander. Ein Moment, den ich nie vergessen werde. Ich war so glücklich. Mir haben auch schon viele Paare berichtet, dass sie sich auf einem meiner Konzerte kennengelernt haben. Wie wunderbar, die verbindende Kraft der Musik so vor Augen geführt zu bekommen!

Für den deutschen Papst Benedikt spielte ich vor 800 000 Zuhörern auf dem Weltjugendtag in Köln allein das Ave-Maria. Diese Erfahrung hat mich umgehauen. Ich fühlte diese riesige Menge von Menschen wie eine einzige Seele, der ich nahekam – und der Papst mittendrin. Ich hatte das Gefühl, er betet, während ich spiele – und ich bin ihm durch meine Art zu beten auf der Klarinette ganz nah.

Nach einem Konzert sind die Zuhörer in einem Zustand, den sie vorher vielleicht nicht hatten. In ihrem Innersten hat die Musik sie ergriffen und verändert. Aber das gilt nur, wenn ein Zuhörer sich wirklich auf die Musik einlassen kann, wenn er ganz da ist in diesem Moment, ganz präsent, und mit allen seinen Sinnen, mit Herz, Seele und Verstand zuzuhören vermag. Es gelingt nicht, wenn man abgelenkt ist, an Alltagsprobleme oder Zukunftssorgen denkt.

Ich habe mich oft gefragt: Was kann ich tun, um das zu ändern, um die Menschen ganz in den Augenblick hineinzunehmen?

Es gibt einige Möglichkeiten, das zu tun. So beginne ich jedes Konzert mit einem Dank: „Vielen Dank, dass ich hier sein kann!" Schließlich schenken mir die Menschen im Saal oder in der Kirche kostbare Zeit ihres Lebens!

Dankbarkeit hilft, einen zu erden und ins Hier und Jetzt zu holen. Und wenn ich dann irgendwann ein bekanntes Lied spiele, dann ermutige ich die Menschen mitzusingen. Auch im klassischen Konzert. Warum sollten die Zuhörer nicht singen! Ich wende mich ihnen zu und sage: Schließt die Augen und singt mit. Es muss nicht hörbar sein, es genügt auch, wenn ihr nur in Herz und Seele mitsingt. Viele Zuhörer sagen mir hinterher: „Noch nie habe ich eine solche Erfahrung in einem Konzert gemacht. Es war so schön."

Natürlich sind viele Menschen am Anfang des Konzerts noch nicht verbunden. Aber wenn ich gut spiele, dann finden wir zueinander und sie zu sich selbst. Das ist das Geheimnis guter Musik.

Auch darin verstehe ich heute erst meinen Vater besser: Er war niemals stolz auf mich. Er war konstant. Er übertrug seine Kraft ohne Aufsehen auf mich und zog sie nicht durch falsche Erwartungen von mir ab. Und auch wenn er für Menschen spielte, verschwendete er keine Energie für Prahlen und Glänzen. Von ihm habe ich gelernt: Es geht nicht darum, den Zuhörern zu zeigen, dass du besser Klarinette spielen kannst als sie. Es geht um die Begegnung unserer Seelen.

10. Ein Blick in die Unendlichkeit

„Um das Göttliche zu erleben,
braucht man nichts
als ein offenes Herz,
eine fühlende Seele
und eine schöne Melodie."

Musik ist meine Verbindung zwischen Zeit und Unendlichkeit, zwischen Himmel und Erde. Ich bin tief drinnen überzeugt davon, dass mich jemand in die Welt gesetzt hat, weil er wollte, dass ich Musik mache. Gott gab mir einfach diese Aufgabe.

Musik ist nicht nur ein schöner Klang. Sie ist viel mehr. Wer ein Instrument mit seiner Seele spielt, weiß das. Für mich ist Musik zu machen wie eine ständige Meditation, ein anhaltendes Gebet. Sie findet nicht nur im Konzertsaal oder in der Kirche statt.

Schon immer waren alle Formen der Kunst Ausdruck eines inneren Bedürfnisses. Schon die erste überlieferte Kunst folgt einem höheren Sinn: Man wollte die Götter besänftigen. Glück für die Jagd heraufbeschwören. Helden feiern. Mythen beschreiben. Unbeschreibliches beschreibbar machen. Und die Sehnsucht des Menschen ausdrücken nach etwas, von dem er vielleicht am Anfang noch nicht einmal weiß, wonach seine Seele sich da sehnt.

Die Unendlichkeit der Seele fasziniert mich immer mehr, je älter ich werde. Diese Seele ist einfach fantastisch. Der Körper möchte essen, trinken, schlafen, er möchte Sex. Darf er auch gerne haben! Die Seele hingegen will nichts von alledem. Die Seele sammelt keine materiellen Güter. Sie will nur *geben*. Aber auch sie braucht ein Instrument – sie braucht den Körper. Und die Musik ist spirituelles Brot. Sie ist Nahrung und Medizin für die Bedürfnisse unserer Seele.

Wenn ich meine Klarinette in meinen Händen halte, fühlt sie sich beinahe an, als sei sie lebendig. Offensichtlich hat uns das Schicksal zusammengeführt, meine Klarinette und mich, und wir beide unterstützen uns gegenseitig. Wie ich schon erwähnte, küsse ich meine Klarinette, wenn ich sie aus ihrem Koffer nehme. Am Anfang meiner Laufbahn habe ich das noch nicht gemacht. Aber in den Jahren unserer gemeinsamen Reise ist mein Instrument mir ans Herz gewachsen und ein Freund geworden. Ich empfinde eine zärtliche Liebe für die Klarinette, und sie liebt mich zurück. Sie kommt mit mir, wo auch immer ich hingehe. Sie ist das Instrument meiner Seele. Mehr noch, mittlerweile ist sie ein Teil meiner Seele geworden.

𝄞

Wenn wir ein Instrument spielen oder den Mund öffnen und singen, passieren immer zweierlei Dinge: Wir sind ganz im Hier und Jetzt, und gleichzeitig öffnet die Musik den Raum nach oben. Mozart ist jetzt. Klezmer ist jetzt. Mein Instrument ist greifbar, fühlbar im Hier und Jetzt. Und doch überschreiten wir gemeinsam in der Musik die Grenze zur Unendlichkeit.

Braucht man dazu eine besondere Technik? Ein besonderes Material? Ein besonders teures Instrument? Immer wieder werden mir diese Fragen gestellt, von Musikerkollegen, von Zuhörern. Und manchmal auch von meinen Enkeln: „Opa, hast du eigentlich auch eine Klarinette aus Gold?" „Nein", sage ich dann: „mein Schatz. Natürlich nicht."

Anscheinend beschäftigen viele Menschen sich mit dieser Frage: Hat der Feidman eigentlich ein spezielles Mundstück? Sind seine Blättchen von besonderer Machart? Ist es ein besonderes Material, aus dem seine Klarinette gefertigt ist? Was ist sein Trick, um so zu intonieren? Viele Zuhörer erwarten von meinen Instrumenten irgendeine Besonderheit, ein Geheimnis, eine Geheimformel, die die Wirkung meiner Musik erklärt. Manchmal, wenn ich wieder mit einer solchen Frage konfrontiert werde, sitzt mir der Schalk im Nacken. Und den binde ich dann gern meinem Gegenüber als Bären auf.

In Erinnerung ist mir da eine wundervolle Unterhaltung mit einem spanischen Kollegen, dem ich schließlich nach langem Drängen seinerseits – ich muss gestehen, es war nach einigen Gläsern Rotwein – unter dem Siegel der Verschwiegenheit mein großes „Geheimnis" anvertraute: dass meine Rohrblättchen von jungfräulichen italienischen Nonnen in einem versteckten Kloster im Apennin stets nur bei Vollmond aus dem Schaft bestimmter Schilfrohre geschnitten würden – und dass dies zum besonderen Schmelz meines Klarinettenklanges beitragen würde ...

Das war natürlich völliger Humbug! Die Blättchen, die ich benutze, kann man in jeder gut sortierten Musikalienhandlung kaufen. Auch alle meine Instrumente sind von sehr guter Qualität, haben aber ansonsten nichts Besonderes an sich. Doch mein Gesprächspartner kaufte mir die

Geschichte wirklich ab und wurde ganz aufgeregt. Zu meiner Ehrenrettung sei gesagt: Ich versuchte wenigstens, den Schaden kleinzuhalten, indem ich meinen Gesprächspartner mit beschwörendem Blick um Bewahrung dieses meines „tiefsten musikalischen Geheimnisses" anflehte. Und schließlich gab er mir sein Ehrenwort „beim Grab seiner Mutter".

Die vermeintliche geheimnisvolle Besonderheit gibt es nicht. Meine Klarinette ist nicht mehr als ein ganz normales Instrument aus Holz, Metall – oder sogar Plastik. Als ich für das Stück „Der Rattenfänger von Hameln" in Deutschland Hunderte von Malen auf der Bühne stand, bat mich irgendwann der Regisseur, doch einmal eine andere als meine schwarze Klarinette zu spielen – die Farbe sei zu erwartbar, zu bekannt, zu wenig geheimnisvoll. Ich setzte mich also ins nächste Taxi und fuhr zu einem Musikalienladen.

Der Inhaber präsentierte mir hocherfreut eine edle Kollektion von Instrumenten – er hatte mich von Anfang an erkannt. Wir fachsimpelten, probierten, reichten Instrumente hin und her. Es war nicht das richtige dabei. Ganz am Ende des Regals, ganz hinten in der Ecke, erblickte ich schließlich eine ungewöhnliche, durchsichtige Klarinette. Ihre Transparenz sprach mich an. Wenn ich spiele, bin ich selbst auch ganz transparent, weil man mir direkt in die Seele blicken kann. Durchsichtig, durchschaubar. Nun, warum nicht ein transparentes Instrument spielen?

Als ich die Klarinette in die Hand nehmen wollte, wehrte der Ladeninhaber ab: „Verehrter Herr Feidman, das ist wirklich nichts für einen Künstler wie Sie. Das ist eine Übungsklarinette für Anfänger." Und beinahe wegwerfend fügte er hinzu: „Es ist ein Modell aus billigem Plastik. Das ist unter Ihrer Würde."

Ich kaufte zum Erstaunen des Ladenbesitzers die Klarinette für lächerliche 390 Mark, ließ sie einpacken und nahm sie mit. Nach der Aufführung überschlugen sich die Feuilletons der Zeitungen und Radios mit lobenden Rezensionen ... und Spekulationen über mein ungewöhnliches, durchsichtiges Instrument. Den Vogel schoss die Interpretation eines Journalisten ab, der allen Ernstes und offensichtlich ohne jede Recherche schrieb: „Feidman brillierte bei der Aufführung mit einem exklusiven Instrument – einer Klarinette aus Kristall!"

Als ich diese Rezension las, saß ich gerade im Flugzeug und brach in so lautes Gelächter aus, dass meine Sitznachbarn mich fragend anschauten. So entstehen Mythen! Und die gelten manchmal für die Ewigkeit.

Jedes Instrument kann eine Ausdrucksform der Seele sein. Das stärkste Mikrofon für die Seele, neben der Klarinette natürlich, ist für mich eine Kirchenorgel. In Deutschland haben auch viele Synagogen eine Orgel, deshalb ist dieses Instrument auch im jüdischen Ritual der hiesigen Gemeinden ein vertrauter Bestandteil. Die Klangfülle dieses Instruments ist unglaublich. Sie macht die ganze Macht der Musik erlebbar. Ein Organist ist für mich fast wie ein Engel. Wenn ich mit einem Organisten zusammen spiele, oben auf der Orgelempore, fühle ich mich 30 Stufen näher bei Gott. Und den Menschen im Kirchenschiff, die zuhören, geht es ganz ähnlich.

Übrigens: Meine billige Plastik-Klarinette von damals spiele ich heute noch. Und ich küsse sie genauso wie jedes meiner anderen Instrumente. Denn ihr Wert bemisst sich, ebenso wie bei den anderen, nicht an dem Material, aus dem sie gemacht ist. Sondern die Tatsache, dass ich sie wertschätze, ja liebe, macht sie zu etwas Wertvollem.

𝄞

Gut, wenn es also nichts Spezielles an meinen Instrumenten ist, was mag es dann sein? Wenn Journalisten nichts anderes einfällt, schieben sie alles auf mein „Charisma". Weil sie nicht wissen, wie sie die Musik der Seele beschreiben sollen, greifen sie auf diesen Begriff zurück, der alles und nichts enthalten kann: die Ausstrahlung, das Besondere. Das Wort aber verschleiert eher das, worum es eigentlich geht, als dass es etwas erklären würde. Für mich hat jeder Mensch Charisma. Das griechische Wort bezeichnet eigentlich die Begabungen, die jeder Mensch hat. Jeder Mensch ist einmalig und besonders. Jeder hat die Aufgabe, seine Begabungen zu entdecken und weiterzuentwickeln, sein „Charisma" zu entfalten. Und ich bin sicher nicht „besonderer" als alle anderen.

Nun ja, nichts im Leben ist zu ausgefallen, als dass man nicht noch etwas daraus lernen könnte. In diesem Fall die Erkenntnis, dass Menschen sich zutiefst nach dem Geheimnis des Transzendenten sehnen und immer denken, es müsse etwas ganz Besonderes, Kompliziertes und Einmaliges dahinterstecken.

Es ist doch schön: Das Unbegreifliche, das Unendliche, das Jenseitige, ja, nennen wir es ruhig das Göttliche, ist die Sehnsucht vieler Menschen, die in ihrem Alltag unglücklich oder unzufrieden sind. Sie ahnen, dass das, was sie erleben, das, was sie umgibt, nicht alles im Leben sein kann. Sie suchen einen Sinn für ihr Leben. Viele versuchen, diesen Sinn dann in den merkwürdigsten Dingen zu finden – und merken dabei gar nicht, dass das Göttliche schon längst in ihnen wohnt und nur darauf wartet, von ihnen entdeckt zu werden!

Um das Göttliche zu erleben, braucht man nichts als ein offenes Herz, eine fühlende Seele und eine schöne Melodie.

𝄞

Ich bin mehrmals auf dem Berg Sinai zum Wandern gewesen. Allein. Einsamkeit sollten wir suchen, wenn wir uns finden wollen. Sie ist der einzige Weg zu sich selbst. Und die aufs Wesentliche reduzierte Welt der Wüste hilft dabei, weil sie ohne Ablenkungen ist, karg, leise und doch so lebendig. Ich glaube, Gott schuf die Radikalität der Wüste, damit wir uns selbst begegnen können.

Man trifft eine ganze Welt, wenn man alleine geht. Zuerst kommt man innerlich zur Ruhe. Innere Ruhe braucht keine Unterhaltung. Und dann beginnt die Stille. Stille ist, jedenfalls meiner Erfahrung nach, der Schlüssel zur Unendlichkeit. Die Wüste heilt. Ihre Lehre lautet: Bleibt nackt! Bleibt beim Wesentlichen ohne viel Drumherum, ohne Verkleidung! Wer einmal diese Erfahrung gemacht hat, wird sie immer wieder suchen.

Normalerweise haben Menschen Angst davor, allein zu sein. In sich selbst sein zu können ist aber das wichtigste Geheimnis für innere Heilung. Ich habe nichts gegen Psychologen, aber ich brauchte nie einen, weil ich gelernt habe, bei mir zu sein.

Das ist kein einfacher Weg, denn es ist ein bisschen so, wie eine Zwiebel zu schälen. Gerade als junger Mann war es für mich nicht leicht, meinem eigenen Kern nahezukommen. Ich fragte mich sogar manchmal voller Angst: Was wirst du dort finden? Aber ich fühlte, dass es wichtig war für mich. Ich wusste, ich musste mich auf die Suche machen und mit dem leben, was ich finden würde.

𝄞

Wie wichtig Ruhe und Stille sind, zeigt sich auch an der Tatsache, dass in allen abrahamitischen Religionen Gott selbst einen Tag in der Woche extra dafür reserviert. Ich finde, das ist eine starke Idee.

Wer an einem Schabbat nach Jerusalem kommt, kann eine Menge darüber lernen. In Jerusalem gibt es am Schabbat keinen öffentlichen Verkehr, alles ruht. Die Menschen sollen nicht arbeiten und möglichst alle Anstrengung vermeiden. Das führt zu ganz besonderen Vorkommnissen an diesem Tag. So gibt es zum Beispiel Lifte in Hotels, die halten am Schabbat automatisch an jedem Stockwerk, damit man nicht den Knopf drücken muss, denn das würde ja eine Anstrengung bedeuten.

Der Schabbat ist ganz der Familie gewidmet, alle kommen zusammen. Ich freue mich jede Woche wieder neu darüber, und wir ziehen alle extra dem Anlass angemessene Kleidung an. Es ist einfach ein besonderer Tag, hervorgehoben unter den anderen. Ich fühle den Schabbat in meinem Blut, ich bin mit ihm aufgewachsen, ich vermisse ihn, wenn ich nicht in Israel bin.

Hier in Deutschland spüre ich aber auch den besonderen Charakter des Sonntags. Auch der Sonntag ist komplett anders als alle anderen Tage der Woche – genauso wie der Freitag für die Menschen muslimischen Glaubens.

Als Weltbürger habe ich dafür mit der Zeit meine ganz eigene, bereits erwähnte Ordnung gefunden: Am Freitag bin ich Muslim, am Samstag Jude, am Sonntag Christ. Mehr Gelegenheit zur inneren Einkehr kann man wohl kaum finden, oder?

Für einen Menschen, der seine Mitte gefunden hat, ist jeder Tag ein solcher Feiertag. Ich spüre diese Ruhe auch in dem Augenblick, wenn ich auf die Bühne trete. Das Geheimnis ist einfach: Du darfst eben nicht nach Zielen streben wie: „Ich will Applaus!", „Ich will Erfolg!", „Ich will Ruhm!" – nein, das ist krank! Du musst nichts wollen, sondern etwas von dir geben. Du musst dich ganz geben. Und dann bekommst du inneren Frieden geschenkt.

Auch wenn ich spiele oder bete, geht es nach diesem Prinzip: Gib etwas von dir, und dann bekommst du etwas viel Wertvolleres zurück. Wenn ich bete, ist es meist ein Dank, keine Bitte oder Forderung. Jedes Konzert beginne ich mit einem Dank an meinen großen Auftraggeber da oben und mein großartiges Publikum hier unten: „Vielen Dank, dass ich hier sein darf!" Und was ich bekomme, ist Einklang. Mit mir selbst, mit der Musik, mit anderen Menschen und mit Gott. Was könnte es Besseres geben?

Natürlich ist nichts dagegen einzuwenden, auch Bitten an Gott zu richten. Das tue ich auch, es gehört beides zur Kommunikation mit Gott. Wichtig ist, dass einem immer bewusst ist, dass man gerade in Kontakt mit etwas Größerem steht, etwas mit Ewigkeitsbedeutung.

In besonderer Form erlebte ich das bei einem speziellen Anlass: Ich war eingeladen worden, im Katharinen-Kloster auf dem Sinai, unweit des Moses-Berges, zu spielen. Es ist aber nicht so einfach, dort hinzukommen, da es sehr abgelegen ist. Deshalb sollte ich mit einer kleinen Cessna dorthin gebracht werden. Was ich nicht wusste: Ich flog mit einem Militärpiloten, der ansonsten Düsenjäger mit Überschallgeschwindigkeit über den Himmel jagte. Für den war die kleine Cessna nicht mehr als ein Spielzeug. Er wedelte mit dem Maschinchen über die bizarren Berge des Sinai wie mit einem Tretroller und pfiff dabei die ganze Zeit Schlagermelodien.

Für ihn war dieser Ausflug offensichtlich amüsant, für mich wurde es eher eine existenzielle Reise. Ich dachte, dass es jeden Augenblick aus sein würde mit meinem irdischen Leben, und bereitete mich innerlich darauf vor, in Kürze vor den Herrn zu treten. Meine Gebete nahmen eine ganz andere Qualität an. Nicht, dass ich früher nicht schon gebetet hätte. Aber jetzt wusste ich, was es heißt, Gott im Angesicht der Not anzuflehen und einen Blick in die Ewigkeit zu werfen! Es war heftig. Als ich am Katharinen-Kloster auf einer Schotterpiste aus dem Flugzeug krabbelte, war ich schweißgebadet, schwankte von einem Bein auf das andere und war grün im Gesicht. Die Melodie des Schlagers, die der Pilot die ganze Zeit gepfiffen hat, ist für mich für immer mit diesem vermeintlichen Nahtoderlebnis verknüpft.

Ich habe oft erlebt, wie sich für andere Menschen in dramatischen Lebenssituationen Musik und Gebet zu einer Einheit verbanden, bei der das eine nicht mehr klar vom anderen zu trennen war. Während des Jom-Kippur-Krieges spielten wir Künstler viel für die Soldatinnen und Soldaten – ich vor allem für Piloten.

„Oh, Giora", sagte nach einem dieser kleinen Konzerte ein Pilot zu mir, „weißt du, was es für mich bedeutet hat, dich spielen zu hören? Ich gehe gleich raus zum Einsatz, und ich weiß nicht, ob ich wiederkomme oder direkt in den Himmel fliege. Aber deine Musik hat mir die Kraft gegeben, beidem entgegenzugehen." Diese Jungs hatten keinen Spaziergang vor sich. Sie mussten in den Krieg.

Einen transzendenten Moment der besonderen Art erlebte ich ebenfalls bei einem solchen Konzert während des Jom-Kippur-Krieges. Wir waren vielleicht 300 Meter entfernt von der Frontlinie, ich saß auf der Ladeluke eines Panzers und spielte für die versammelten Soldaten. Auf der anderen Seite der Front war es ganz still, und ich hatte das ganz sichere Gefühl, dass die Soldaten dort ebenfalls zuhörten. Eine besondere Stimmung lag über dem Augenblick. So als könnten jederzeit alle, von der einigenden Wirkung der Musik beseelt, aufspringen und sich freundschaftlich in den Armen liegen, weil sie erkannt hatten, dass wir alle nur Menschen sind, dass dies hier ganz falsch war, dass wir uns eigentlich gegenseitig lieben und umarmen sollten. Aber das ging natürlich nicht. Sie waren ja der Feind. Doch es gab mir eine weitere Ahnung von der unfassbaren Kraft der Musik über alle Grenzen menschlichen Denkens und Handelns hinweg. Musik muss einfach von einem höheren Wesen inspiriert sein, es kann gar nicht anders sein.

Ich habe mit jüdischen Musikern und Komponisten gesprochen, die im Konzentrationslager, den Tod vor Augen, noch an ihren Kompositionen feilten. Tag und Nacht arbeiteten sie daran, führten ihre Stücke sogar zum Teil mit dem Lagerorchester auf. Einen von ihnen fragte ich: „Wie hast du es geschafft, angesichts des Grauens, das dich umgab, überhaupt weiter Musik zu schreiben? Wie konntest du inmitten von Hoffnungslosigkeit und Tod

Schönheit erschaffen, statt einfach aufzugeben, dich dem Elend hinzugeben?"

Die Antwort kam ebenso rasch wie bezwingend: „Weißt du, Giora, die Musik war die einzige Möglichkeit, dem Grauen, das uns umgab, wenigstens für eine Zeit lang zu entkommen. Eine Flucht aus der kaputten Welt, eine Zuflucht für unsere gepeinigten Seelen, ein Lichtstrahl in der Dunkelheit, eine Erinnerung daran, dass es noch etwas anderes als Tod, Hass und Verzweiflung gibt. Eine hauchzarte Verbindung zum Himmel!"

Für mich ist das ein Wunder. Es erfüllt mich mit Staunen und Ehrfurcht angesichts der Größe und Kraft der Verbindung von Musik und dem Göttlichen.

Während diese Zeilen entstehen, erreichte mich die Nachricht vom Tod meines alten Freundes Raúl Jaurena. Er war der weltbeste Bandoneonist, spielte mit Astor Piazzola und vielen weiteren Größen dieser Welt. Sechs Jahre lang war er mit mir auf Tournee mit unserer besonderen Verbindung aus Tango und Klezmer. Ein großartiger Freund. Was für eine Seele! Glauben Sie mir, ich vergieße gerade viele Tränen. Spiele die Lieder, die mich an ihn erinnern. Dennoch: Sein Tod macht mich traurig, aber nicht verzweifelt.

Was geschieht nach dem Tod? Alle Religionen versuchen, darauf Antworten zu geben, doch niemand kann wirklich etwas Sicheres darüber sagen. Und das ist vielleicht auch gut so. Doch ich bin überzeugt: Vom Moment der Geburt bis zum Tod sind wir nur eine kleine Zeit auf der Welt. Ich glaube nicht, dass das Leben der Seele endet. Das ist für mich ein wichtiger Gedanke in einer Gesellschaft, die den Tod mittlerweile komplett ausblendet.

Wenn jemand stirbt, reist die Seele zu einem anderen Ort, der Körper bleibt hier und vergeht. Diese Person fehlt uns dann hier auf der Erde. Das ist Grund zur Traurigkeit, aber nicht zur Verzweiflung. Vor dem Tod habe ich daher keine Angst. Du gehst einfach in ein anderes Zuhause über, von einem Raum in den nächsten, das schreckt mich nicht.

Ich denke, es ist ein wenig wie Schlafen. Seit meiner Kindheit schlafe ich gern, tief und gut. Und dass alte Leute weniger schlafen, das stimmt nicht. Jedenfalls nicht bei mir. Ich schlafe oft zwölf Stunden am Stück. Wenn andere aufstehen müssen, ist es die beste Zeit für mich, noch einmal liegen zu bleiben und mich herumzudrehen.

Vielleicht hat auch das etwas mit der Sehnsucht nach Transzendenz zu tun: Der Schlaf wird ja oft auch als kleiner Bruder des Todes bezeichnet – und wirklich hat es ja auch etwas von Sterben: Man taucht ein ins Nichts, in die Bewusstlosigkeit, in die große Stille. Doch man ist nicht weg – man tankt neue Kraft und man träumt. Meine Träume sind stets von Musik begleitet. Meine Seele singt viele Stunden in mir, und ich lerne meine Musik einfach im Schlaf noch besser kennen. Vielleicht übe ich damit jeden Tag ein wenig das Sterben ein.

Ich spiele manchmal auf Beerdigungen. Ich spiele das Ave-Maria, ein muslimisches Gebet oder jüdische Psalmen – die Musik ist nicht jüdisch oder muslimisch, katholisch oder evangelisch. Die Musik steht für sich selbst, sie begleitet die Seelen der Verstorbenen auf ihrem Weg in die Unendlichkeit und tröstet die Trauernden.

Als meine Eltern starben, fiel es mir schwer zu weinen, und ich schämte mich dafür. Müsste ich nicht laut um meine Mutter, meinen Vater trauern? Doch ich hatte gar nicht das Gefühl, als ob mein Vater gegangen sei. Er blieb bei mir in der Musik.

Erst später wurde mir klar, dass mein Weinen eigentlich nur aus Egoismus entstanden wäre – über meinen Verlust der körperlichen Gegenwart meiner Eltern hier. Dabei ist doch die Verbindung unserer Seelen eigentlich die viel wichtigere, und diese wird nie abreißen. Das ist eine Sache, die nichts mit einer bestimmten Religion zu tun hat. Wer bin ich denn, dass ich behaupten könnte, mein Gott sei besser als deiner?

Wir alle sind Liebe. Du bist Liebe, ich bin Liebe. Wann immer wir der Liebe auf der Spur sind, sind wir Gott auf der Spur. Egal, wie du ihn nennst.

11. Familienname: Menschheit

„Für mich gibt es nur eine einzige Familie auf der Welt, und ihr Familienname lautet Menschheit."

Die Kunst ist für die menschliche Familie ein unglaubliches Geschenk. Musik und Tanz, Literatur und Malerei, Oper und Bildhauerei sind der Kitt, der die Menschen auf der ganzen Welt ohne Unterschied zusammenbindet. Es ihnen erlaubt, sich miteinander zu verständigen, ohne einen Dolmetscher bemühen zu müssen. Und der ihnen, egal welcher Herkunft, egal welcher Religion, die Einheit vor Augen führt.

Wir Menschen erwachsen aus unseren Kulturen. Aber das darf uns nicht trennen. Ein Beispiel nur aus der Musik: So wie es bei mir Klezmer und Tango waren, die meine Wahrnehmung prägten, ist es in Japan vielleicht das Theater des Kabuki. Oder es sind in Salzburg die Symphonien Mozarts, in Liverpool die Songs der Beatles. Oder in Spanien der Flamenco, in Ägypten der Gesang von Umm Kulthum – es gibt schon in der Musik Tausende Beispiele für kulturelle Prägungen. Unglaublich, wie erfindungsreich der menschliche Geist sich auszudrücken weiß. Und wenn man dann noch die anderen Kunstformen wie Malerei und Bildhauerei, Tanz, Film oder Fotografie nimmt, wird es einem schier schwindelig vor so viel Fantasie und Kreativität.

Doch bei aller Diversität, die diese unterschiedlichen Kulturen, Prägungen und Stile verkörpern, schließen sie einander nicht aus. Es ist ja nicht so, dass nur der Flamenco die „richtige" Musik für eine Gitarre wäre. Nein, ganz im Gegenteil – gerade die vielen unterschiedlichen Möglichkeiten, ein Instrument zu spielen, sind doch ein Zeichen dafür, dass die Musik ein wahres Gottesgeschenk und dass Vielfalt in Einheit möglich ist.

Diese Einsicht lässt sich übertragen: Sehen wir nur das Fremde im anderen, oder hören wir auf den wunderbaren „Klang" der Menschen anderer Kulturen? Spielen wir nur solo die uns vertraute Stimme, oder trauen wir uns, im Spiel mit anderen ganz neue „Töne" zu entdecken und gemeinsam etwas auszustrahlen, zu dem wir allein nie fähig wären?

Der wunderbare Begriff „Weltmusik" für die freudige Kunst, musikalische Einflüsse aus verschiedensten Kulturen miteinander zu vereinen, mit ihnen im besten Wortsinn zu spielen, sich gegenseitig anzuregen und aufeinander einzulassen, sagt schon sehr viel über die großartigen Möglichkeiten der Musik, Menschen zusammenzuführen.

Ganz egal, wie verschieden Länder und Sitten sind und wie unüberwindbar manche politischen Grenzen sein mögen – die Kunst übersetzt alles. Nun gut, ein Schriftsteller oder Lyriker wird sich etwas schwerer in einer anderen Kultur bewegen als ein Musiker: weil er für seine Ausdrucksform auf eine kongeniale Übersetzung angewiesen ist. Diese Schwierigkeit hat ein Musiker nicht. Egal wo er auftritt, seine Sprache ist international und wird verstanden.

Wenn ich auf der Bühne bin, brauche ich keinen Pass. Es braucht auch keine bestimmte Religion. Ich arbeite mit palästinensischen und jüdischen Orchestern. Mit muslimischen Musikern. Mit buddhistischen und hinduistischen Kollegen. Mit Christen aus aller Welt. Ich drücke meine

Seele mit meinem Instrument rund um die Welt immer auf die gleiche Weise aus. Und nirgendwo habe ich jemals hören müssen: „Ich mag deine Seele nicht!" Das hätte ja durchaus auch geschehen können. Ist es aber nicht. Das gibt mir Hoffnung: Die Sprache der Seele kann von allen Menschen gehört und verstanden werden – wenn sie es denn nur wollen. Und wer sich versteht, der muss sich nicht bekriegen, sich nicht abgrenzen.

Martin Luther King sprach vor 50 Jahren von seinem Traum: „I have a dream!" Ich teile diesen Traum seit vielen Jahrzehnten. Er kann der ganzen Welt Heilung bringen. Ich glaube daran: Wir müssen das Schreckliche überwinden und endlich Humanität zwischen verfeindeten Brüdern zulassen. Wir müssen miteinander Lösungen suchen, statt durch endlose gegenseitige Provokationen den Terrorismus immer wieder von Neuem zu entfachen. Wir brauchen Liebe statt Gewalt.

Ich habe viele Freunde in Palästina und in Israel. Unsere Kinder sollen sich in Zukunft nicht mehr in Feindschaft gegenüberstehen. Sie sollen sich nicht gegenseitig töten. Egal, auf welcher Seite eines Zauns wir stehen, wir alle sind Brüder und Schwestern. Und keiner von uns hat mehr oder weniger Recht auf Leben, Glück oder Freiheit als der andere.

Für mich als Musiker ist der ganze Planet mein Zuhause. Und meine Familie sind die Menschen, die ich überall auf der Welt treffe. Es mag wie eine Utopie klingen, aber ich habe das mein ganzes Leben lang genauso praktiziert. Und auf die Frage „Wo sind Sie eigentlich zu Hause?" kann ich immer nur dieselbe Antwort geben: „Ich bin auf der ganzen Welt zu Hause. Und ich lebe überall dort gern, wo man mich als Mensch, als Bruder akzeptiert. Für mich gibt es nur eine einzige Familie auf der Welt, und ihr Familienname lautet *Menschheit*. Ihre Zusammengehörigkeit besteht in der Verbindung der Seele jedes einzelnen ihrer Mitglieder: Denn eine Seele sucht stets andere Seelen."

Wir alle leben zusammen auf einem einsamen, verletzlichen blauen Planeten inmitten eines unendlichen schwarzen Weltraums. Lasst uns doch endlich aufhören, das Trennende, die Verschiedenheit zu sehen.

Sicher, es gibt nicht den einen Weg, der für alle Menschen in gleicher Weise gültig ist. Aber es gibt ein paar Grundregeln, die menschliches Zusammenleben überhaupt erst möglich machen. Um herauszufinden, welche das sind, kann es hilfreich sein, sich beispielsweise die Bibel anzuschauen: Das Neue Testament erzählt von einem Mann aus Nazareth, den wir alle kennen. In seiner berühmten „Bergpredigt" hat er die Voraussetzungen für ein funktionierendes Zusammenleben vorgestellt, die durch alle Zeiten gültig sind. Und eine weitere zentrale Botschaft lautet, dass letztlich für den Menschen drei Dinge wichtig sind: Es sind Glaube, Liebe und Hoffnung. Alle drei gehören zusammen. Aber, so heißt es weiter: „Die Liebe ist die Größte unter den dreien!" Ich bin überzeugt, dass das eine unverrückbare Wahrheit ist. Wer Glaube, Hoffnung und Liebe in seinem Leben hat, für den gibt es eigentlich nur eine Reaktion: Dankbarkeit.

Ich esse und trinke, ich atme, ich schlafe ein, ich träume und wache auf – egal wo, aber immer unter Gottes weitem Himmel, und ich empfinde Dankbarkeit dafür, von wie viel Gutem ich umgeben bin. Es ist ein Privileg.

Ich bin ein dankbarer Mensch. Dankbar für meinen Lebensweg, für die vielen Menschen, mit denen ich Musik machen durfte. Dankbar dafür, dass ich Menschen Lebensfreude und Hoffnung schenken kann.

Ja, mir geht es gut. Aber Dankbarkeit ist eine grundsätzliche Entscheidung. Sehe ich dankbar und zufrieden auf das, was ich geschenkt bekommen oder mir erarbeitet habe, oder will ich immer mehr, mehr, mehr? Kann ich loslassen, was mich verbissen macht, und das wählen, was mich lebendig macht?

Denn jeder Mensch leidet an etwas. Mich hält beispielsweise der Lockdown seit Monaten von meiner Familie in Israel fern. Ich bin 85 Jahre alt, wie viele Monate oder Jahre bleiben mir? Werde ich meine Liebsten wiedersehen? Trotzdem kann ich dankbar sein, dass es überhaupt Menschen gibt, die ich vermisse und die mich gern wiedersehen würden. Dennoch hatten wir natürlich ganz andere Pläne.

Aber Leben bedeutet nun mal immer Veränderung. Wir sehen die aktuellen gesellschaftlichen Herausforderungen, in denen wir stecken. Jeder von uns kennt es auch im Privaten, wenn das Leben nicht so verläuft wie gewünscht. Meiner Erfahrung nach hilft es nichts, darüber zu jammern und zu klagen oder sich vor dem anderen, Ungeplanten zu versperren.

Zum Wachsen und zum Reifen gehören Krisen, Verluste, Schwierigkeiten. Jeder Mensch kennt solche Lebensstationen, in denen alte Gewissheiten wegbrechen, neue noch nicht da sind. Das macht Angst. Doch die Krise ist ein

Katalysator des Wachstums. In der Krise muss man neu handeln lernen. Die Krise ist positiv, auch wenn du leiden musst, denn mit ihr kommt ein neuer Ansatz auf dich zu. Ich lerne stets eine Menge in der Krise. Meine Erfahrung ist sogar: Du kannst nicht wachsen ohne Krise. So haben wir auch durch Corona eine Situation erreicht, die uns Neues gelehrt hat. Und die nächste Krise wird auf jeden Fall kommen. Niemand möchte Krisen durchleben. Aber dann werde ich mich daran erinnern, dass eine solche Störung dafür da ist, dass ich daran wachse. Dass ich den Schmerz erleiden muss. Aber dass mich der Schmerz zugleich verwandelt.

Ich habe mit meiner Klarinette schon immer gern improvisiert, ob allein oder im Zusammenspiel mit anderen Musikern. Vielleicht habe ich deshalb keine Angst davor, die gewohnte Melodie des Lebens angesichts veränderter Umstände zu variieren.

Ja, auch bei mir ist allzu viel Spontaneität dann und wann in die Hose gegangen. Na und? Dann hilft nur eins: wieder neu zu improvisieren. Und meistens – nein, eigentlich immer – habe ich dann erlebt, dass etwas entsteht, was im besten Sinne „anders" ist: überraschend, frisch und quicklebendig.

Bei vielen Menschen verhindert die Angst vor dem Scheitern, dass sie in schwierigen Situationen die Ruhe behalten. In mir kehrt tiefer Frieden ein, wenn ich die Klarinette an meine Lippen führe und zu spielen beginne. Wenn ich meine Gedanken loslasse und ganz im Spiel aufgehe. Wenn ich nichts erreichen will – außer die Seelen der Zuhörenden. Da gibt es keine Angst. Es hilft natürlich, dass ich mein Instrument sicher beherrsche. Aber es geht um etwas Tieferes. Ich habe Heimat in meiner Aufgabe gefunden.

Darum geht es: Heimat zu finden. Frieden mit mir selbst zu machen, meine Gaben zu erkennen und sie anderen zugutekommen zu lassen. Das ist Heimat in mir. Heimat bei den Menschen suchen, die meine Seele verstehen, und nicht bei denen, von denen ich mir etwas verspreche oder die mich in meiner Funktion wahrnehmen. Und für mich ist es verbunden mit meiner Heimat bei Gott.

Ja, ich öffne meine Seele und zeige mein Innerstes, wenn ich Klarinette spiele. Offenheit macht verletzlich. Davon wissen viele Menschen ein Lied zu singen. Diese inneren Verletzungen können zerstörerisch auf Selbstbewusstsein und Mut wirken. Nein, lassen wir das nicht zu. Geben wir dem Schmerz der Vergangenheit keine Macht über die Zukunft. Wunderbare Gaben sind in jedem Menschen angelegt, und sie verbinden ihn mit der eigenen Seele und Lebendigkeit. Und wenn ich mich auf die Suche nach Heimat in mir, bei vertrauten Menschen und bei Gott mache, wird der „Applaus" der anderen immer unwichtiger. Es geht für jeden von uns unabhängig von Alter und Lebensphase darum, sich nicht von der Vergangenheit fesseln, sondern von den Möglichkeiten der Zukunft inspirieren zu lassen.

Die Basis dafür liegt im Vertrauen. Vertrauen, dass jedem von uns im Leben etwas gegeben worden ist, was es auf dieser Welt – ob im Kleinen oder Großen – braucht. Vertrauen in die Kraft der Verbindung mit Menschen, in denen der Ausdruck der eigenen Seele Resonanz erzeugt. Vertrauen, dass ich nicht alles selbst machen muss, sondern sich das Notwendige zeigen wird.

Mit dem Alter kommt die Weisheit. Sagt man. In fast allen Kulturen wird das so gesehen. Nach diesem Maßstab müsste ich es längst geschafft haben, weise zu werden. Aber: Bin ich alt? Alt werden in meinen Augen Autoreifen. Alt, das bedeutet für mich: an einem Ende angekommen, festgefahren, nicht mehr funktionstüchtig. Irgendwie nur noch halb am Leben. Und das ist ganz und gar nicht, wie ich mich fühle!

Wenn dieses Buch erschienen ist, werde ich, so Gott es zulässt, zum ersten Mal in meinem Leben Urgroßvater sein. Ein Wort, das noch mehr nach „alt" klingt, gibt es wohl kaum. Aber tatsächlich werde ich durchs Urgroßvatersein nicht älter werden, sondern ganz im Gegenteil: So wie meine Kinder und später meine Enkelkinder mir jedes Mal einen Schub von neuer Lebensenergie, neuer Lebenslust und neuem Tatendrang mitgegeben haben, wenn sie auf die Welt kamen, werde ich auch mit meinem Urenkel wieder ein Stück jünger werden.

Und auch sonst habe ich nach wie vor das Gefühl, dass ich jeden Tag neue Kraft bekomme. Gut, sagen wir fast jeden Tag. Schon wenn ich morgens die Klarinette hervorhole und zum Spiel ansetze – ein Schub freudiger Energie. Wenn ich ein gutes Essen genieße, mit Freunden lache oder tiefgründige Gespräche mit meinen Enkeln führe. Wenn ich auf der Bühne meine Seele öffne und Kraft und Leidenschaft tanke.

Das ist eine der Weisheiten, die ich meinem Alter verdanke: Ich fühle mich nicht jung oder alt – ich fühle mich einfach. Ich danke Gott jeden Tag dafür, dass er mir das alles möglich macht.

Es geht nicht darum, etwas darzustellen, es geht darum, sich dem Leben immer neu zuzuwenden, es geht darum, lebendig zu bleiben. Wenn ich mich umschaue, sehe ich genug Menschen, die sind schon mit 20 Jahren Greise. Weil sie nicht das Leben suchen. Das Leben aber will etwas von uns. Wir müssen nur hinhören, was das ist.

Manchmal kommen Menschen zu mir, die vielleicht 70 Jahre alt sind, und sie sagen: „Ich würde so gern in meinem Leben ein Instrument spielen, aber ich bin zu alt, um es noch zu lernen." Und dann schauen sie resigniert drein.

Ich frage: „Wie kommen Sie auf solch einen komischen Gedanken? 70 Jahre sind doch kein Alter, um ein Instrument zu lernen!" Dann kommen meist Protest und Argumente wie: „Meine Finger sind zu steif – und überhaupt, ein alter Mensch kann doch nichts Neues mehr lernen."
Ich muss dann immer an mich halten. Einmal tief durchatmen. Und dann frage ich mein Gegenüber: „Wie alt ist deine Seele?"

Denn natürlich kann ein Mensch in jedem Alter seine Seele ausdrücken. Älter zu werden bedeutet für mich auch immer, neue Fähigkeiten zu entwickeln oder die vorhandenen weiter auszubauen.

Was mich sehr freut: Manche dieser Menschen beginnen dann wirklich, ein Instrument zu lernen oder es wieder zu spielen, auch wenn sie es 30 Jahre nicht mehr in der Hand gehalten haben.

Manchmal werde ich nach meiner Lebensmaxime gefragt. Mir fällt dann meist keine ein, die hinreichend gebildet klingen würde oder tiefgründig genug wäre, dass man sie einem erwachsenen Menschen mitteilen könnte. Verraten will ich aber zwei Dinge, die mir geholfen haben, den Zugang zu meiner Seele zu finden.

Die erste Maxime lautet: Geh in die Wüste und setz dich einen Tag lang auf einen Stein. Nimm nicht mehr mit als deine Gedanken und genügend Wasser, und höre einfach nur hin. Auf die Stille, auf deine Gedanken und später auf den Klang deiner Seele. Klang ist nichts ohne sein Gegenstück, die Stille. Stille ist unendlich. Sie ist eine unabhängige Kraft. Sie beendet das Geräusch. Mir gibt die Musik die Stille – so paradox das klingen mag. Du musst zuerst die Stille fühlen, um die Musik hören zu können. Leonard Bernstein sagte mir vor vielen Jahrzehnten: „Die erste und die letzte Note eines Musikstücks ist eigentlich die Stille. Du kannst die Stille hören. *Silence you use, sound you produce.*"

Das gilt auch für den Klang unseres Lebens. Stille ist ein unverzichtbarer Begleiter, um die eigenen Gaben wahrzunehmen, sie zu entwickeln und herauszufinden, für wen oder was sie sich ausdrücken wollen. Wenn Menschen still werden, dann hat die innere Stimme die Möglichkeit, gehört zu werden.

Die zweite Maxime ist noch einfacher: Versuch, dich auf der Welt als Tourist zu fühlen. Jeden Tag. Ich bin auf diesem Planeten nichts anderes als ein Reisender. Ich fühle mich die ganze Zeit als Urlauber, als Besucher einer Welt, die ich für eine bestimmte Zeitspanne bereisen darf. Du wirst sehen: Die Sorgen, die sonst den Alltag dominieren, um Besitz, Ehre, Karriere und Ruhm kreisende Gedanken, schrumpfen dann auf ein Maß, das sie unbedeutend werden lässt. Sei ein Tourist – und kein Generaldirektor deines Lebens.

Meine Intention als Musiker, das habe ich in den ganzen Jahren meines Lebens erfahren, muss es sein, in den Menschen Liebe und inneren Frieden zu inspirieren. Sie sollen aufhören zu kämpfen, sie sollen beginnen loszulassen, sie sollen Streit und Konkurrenz hinter sich lassen und durch die Musik die Möglichkeit haben, zu fühlen, was Liebe ist. Wenn das gelingt, wird der Konzertsaal zur Kirche, wir haben heiligen Boden betreten. Und jeder, der Ohren hat zu hören, nimmt wahr, was vorgeht. Die Zuhörer und die Musiker können gemeinsam etwas Großes erleben: Sie begegnen sich, sie stecken sich gegenseitig mit Liebe an und tragen sie weiter.

Dank

Dieses Buch resultiert aus einem der besten Ereignisse meines Lebens. Nach meinem Konzert im Herbst 2020 in einer Kirche in Zingst kam ein Herr auf mich zu und fragte, ob wir nicht gemeinsam ein Buch machen wollten. Ich fühlte mich geschmeichelt und fragte ihn, wie er zu dieser Idee komme. Natürlich bin ich kein Schriftsteller, aber er sagte mir, er sei Verleger und würde mich in allem unterstützen.

Im Konzert hatte ich ein muslimisches Gebet gespielt, das mein guter Freund und Manager Majid Montazer geschrieben hat. Es ist die Musik zum Gebet „Azan". Der Verleger sagte, ihm sei das Herz aufgegangen, als ich als Jude ein muslimisches Gebet in einer christlichen Kirche gespielt habe.

Ein weiteres sehr eindrucksvolles Erlebnis hatte ich mit Christoph Fasel, dem Autor. Wir redeten stundenlang miteinander, und das war sehr gut, denn manchmal ist es schwierig, Worte zu finden, um die Seele zu beschreiben. Es ist wie mit der Liebe. Wer kann schon erklären, was Liebe ist? Liebe ist etwas, das man fühlt, nicht etwas, über das man nachdenkt. Genauso verhält es sich mit der Seele. All diese Stunden war es, als wären wir zwei Freunde, die über dieses Thema sprechen, und das Ergebnis ist nun dieses Buch.

Und dafür möchte ich mich bedanken. Bei dem Verleger Ralf Markmeier und dem Autor Christoph Fasel für die Realisierung. Bei Jutta Springer für all ihre Unterstützung. Bei meinem Manager Majid Montazer, dessen Musik den Impuls setzte und der mich bei der Verwirklichung dieser

Idee unterstützte. Vielen, vielen Dank! Ich hoffe, dass ich damit die Möglichkeit habe, einen positiven Beitrag für unsere Gesellschaft zu leisten. Danke!

Giora Feidman

Biographie

Geboren am 25.03.1936 in Buenos Aires, Argentinien.

Mit 18 Jahren Aufnahme im bedeutendsten Orchester Südamerikas am Teatro Colón in Buenos Aires.

Im Alter von 21 Jahren verlässt Giora Feidman sein Heimatland, wandert nach Israel aus: Festanstellung beim Israel Philharmonic Orchestra.

Dort bleibt er 18 Jahre, spielt unter nahezu allen wichtigen Dirigenten: Leonard Bernstein, Karl Münchinger, Rafael Kubelik, John Barbirolli, Eugene Ormandy und Zubin Mehta.

Anfang der 70er-Jahre geht Feidman als Solist nach New York.

In Deutschland wird er 1984 durch das Musical „Ghetto" von Joshua Sobol, inszeniert von Peter Zadek, bekannt.

Musikalische Beiträge zu „Schindlers Liste" 1994, „Jenseits der Stille" 1996 und „Comedian Harmonists" 1997.

Zweimalige Verleihung des Echo Klassik: 1997 und 2003.

2000 spielt er im Bundestag mit Mitgliedern der Berliner Philharmonie Ora Bat Chaims Komposition „LOVE".

2001 erhält er das Große Bundesverdienstkreuz am Bande.

Giora Feidman spielt 2005 in Köln beim Weltjugendtag vor 800 000 Christen und Papst Benedikt XVI.

2005 wird ihm der Internationale Brückenpreis verliehen: Für Engagement für die „Versöhnung zwischen den Kulturen", zwischen Judentum und Christentum, Deutschen und Juden, sowie Generationen und Schichten mittels seiner Musik.

2010 lernt er auf dem Kreuzfahrtschiff Europa die „Gitanes Blondes" kennen. Sie absolvieren 2012 eine gemeinsame Deutschlandtournee und veröffentlichen eine CD.

2015 und 2017 nimmt er jeweils eine CD mit dem Rastrelli Cello Quartett auf.

2017 tritt er mit seinem Trio auf dem MainWeltmusik Festival auf: hier finden sich Musiker unterschiedlichster Herkunft zum Musizieren zusammen.

Im selben Jahr Auftritt auch beim Schleswig-Holstein-Musikfestival.

2018 spielt er mit dem Kirchenmusiker Sergej Tcherepanov zum ersten Mal das Programm „From Classic to Klezmer".

2019 nimmt er seine CD „Global Oasis" mit Andrei Samsonov und Michael Degtyarew auf; sie zeichnet sich durch einen neuen, modernen, loungigen Klang aus.

2021 feiert der Maestro seinen 85. Geburtstag – zu diesem Anlass werden sein Buch und eine neue CD erscheinen, mit der er auf Tour gehen wird.

Ebenso 2021 erscheint eine neue CD anlässlich des 100-jährigen Geburtstags von Astor Piazzolla, aufgenommen mit dem Rastrelli Cello Quartett.

Management & Booking
www.ma-cc.com